做一单 成一单

优秀销售人员必须掌握的说话技巧

邱伟◎著

PRACTICAL
AND
EFFICIENT
SALES
SKILLS

哈尔滨出版社
HARBIN PUBLISHING HOUSE

图书在版编目（CIP）数据

做一单成一单：优秀销售人员必须掌握的说话技巧 / 邱伟著.—哈尔滨：哈尔滨出版社，2019.7
ISBN 978-7-5484-3342-2

Ⅰ.①做… Ⅱ.①邱… Ⅲ.①销售－语言艺术 Ⅳ.①F713.3

中国版本图书馆CIP数据核字（2017）第270078号

书　　名：做一单成一单——优秀销售人员必须掌握的说话技巧
ZUO YI DAN CHENG YI DAN — YOUXIU XIAOSHOU RENYUAN BIXU ZHANGWO DE SHUOHUA JIQIAO

作　　者：邱　伟　著
责任编辑：翟嫦娥　赵　芳
责任审校：李　战
封面设计：仙境设计

出版发行：哈尔滨出版社（Harbin Publishing House）
社　　址：哈尔滨市松北区世坤路738号9号楼　　邮编：150028
经　　销：全国新华书店
印　　刷：哈尔滨久利印刷有限公司
网　　址：www.hrbcbs.com　　www.mifengniao.com
E-mail：hrbcbs@yeah.net
编辑版权热线：（0451）87900271　87900272
销售热线：（0451）87900202　87900203
邮购热线：4006900345　（0451）87900345　87900256

开　　本：787mm × 1092mm　1/16　印张：14.5　字数：200千字
版　　次：2019年7月第1版
印　　次：2019年7月第1次印刷
书　　号：ISBN 978-7-5484-3342-2
定　　价：42.00元

自 序

中国的现代化进程波澜壮阔，企业，特别是小企业的微观竞争力却惨不忍睹。大环境不是我们某个销售人员所能左右的，销售人员如何能够突破销售生涯中的职业困境，这才是本书需要去阐述的。

关于读书在销售当中的作用，笔者不看好，那么，销售书籍究竟能够给销售人员带来什么？那就是反思。将不系统的思维碎片整合成系统的知识，在工作中思维方式由感性逐步变成理性，通过做一单生意的成与败，知道销售就那几件事，谁能搞定客户谁就是英雄，因为公司只看数字，至于那些所谓的战略，都是书生们写来自娱自乐的。这样的观点存在于绝大多数销售人员的心中，那些成功的销售人员也不会思考自己为什么会成功，他们不看任何营销类的书籍，但却将销售工作做得风生水起，他们的成功多数是自发的成功。

我们要阐述的就是，要让销售人员站在长远和系统的角度，将自发的成功变成自觉的成功。以前很多销售的成功，销售人员多数是因为凑巧在那个时间、那个地点遇到了那些人，处于一种无心插柳柳成阴的状态。

本书要分析的恰恰是销售人员做单成功概率高的缘由，会告诉大家什么样的环境才是有利的销售环境，能够创造好的业绩。如何设计好自己的职业生涯，如何从战略和全局的角度去看待自己的工作。以往谈销售经验的书多数强调销售术，很少讨论企业竞争力的“势”。我的经验却是，销售人员把握了企业的“势”才能有所作为，“术”只是辅助，“术”是“势”的助力。

销售人员的起点决定了销售人员的成就，所以选择销售什么永远比怎么销售重要。营销部门需要什么样的人才会获得更好的成果呢？答案是那些能够享受销售工作的人。重要的不是你是谁，而是你和谁站在一起。每一个销售高手都是出色的演员，他们是自己职场上的导演。我们销售人员从个人职业发展的角度来看，不要相信那种“四两拨千斤”的小概率事件；销售高手都是相信“千斤拨四两”的，因为那才是自己职业成功的常态。产品和服务是营销的核心，糟糕的产品是销售人员成功的绊脚石。中国的消费已经升级，但是我们企业的营销并没有升级。这些是本书需要表达的观点，它们源于笔者的工作实践和商业观察。

在网络普及的时代，电子商务的大潮扑面而来，信息透明带来了便利也带来了更加残酷的价格战，电子商务永久性地剥夺了没有竞争壁垒的行业的暴利。这个时代微利是正常的，我们已经处在了一个竞争激烈的时代。笔者作为销售人员，也作为电子商务的从业者，清楚网络商务占据了销售额中很大的比例。所以深知那股力量的厉害，对于销售方来说，未来也许会证明，互联网是从魔瓶里放出来的魔鬼，具有颠覆性的力量。

关于本书要说的东西，我觉得主要是学习管理大师德鲁克的沟通方式，只想提十几个问题给我们的销售人员，希望能够启发大家思考。文中也会有笔者自己的答案，不过有些问题是无解的，有的问题却不止一个答案。

1. 在网络化时代，我们的客户和我们的信息已经对称，客户已经知道我们的成本线在哪里，我们怎么去为客户提供产品和服务？
2. 跨国公司和先进的企业推进营销工作的标准化、模块化和系统化，即使单兵作战，也能随时形成企业的整体配合。我们如何使用营销管理工具是我们提高做单效率的关键。
3. 在消费品领域，为何我们将产品卖得越来越低贱，而有一些企业却将自己的产品越卖越贵？
4. 社会贫富差距在扩大，国内消费已经升级，这已经是一个社会现实。销售人员怎么去认识品牌的价值？如何进行品牌营销和沟通？

5. 我们为什么要去研究消费者？消费者的价值观已经存在，他们就在那儿，我们如何才能将产品和服务做到他们心中期望的程度？
6. 关系营销和市场价值营销是两种不同的营销方式，在关系营销中我们怎么去面对普遍的商业贿赂行为？我们是向客户提供价值，还是找到利益关系人来推进销售？
7. 销售人员的说服和沟通如何做到快速地建立信任？案例库这样的实证数据库是否已经用在我们的实际工作中？
8. 善于自我管理是一个销售人员职业成功的前提，销售人员如何进行自我管理？
9. 销售工作符合自己的价值观吗？销售工作会不会在内心产生强烈的冲突？
10. 销售人员在销售工作中，必须不断地积累老客户，发展新客户，不能积累客户资源就意味着不能进步。销售人员如何做到积累老客户，积累人脉资源？
11. 为什么我们说如果一个人要创业，最好等一等，找一份销售工作，如果能干好，自己创业成功的概率就会大增，反之就会失败？
12. 无论做哪一单，都要问自己：我能为客户贡献什么？我能为企业贡献什么？我能为自己贡献什么？

销售行业是个实战行业，事情想明白了就好。其实销售就那几步，只要顺应了几条大的行事原则，加上销售人员的持续努力就能取得好的销售业绩。销售天才能够分析自己周围的环境，给自己找到一个最好的位置。在销售工作中不断地寻求硬的和软的支撑点，以保证自己职业的成功。另外，我要强调的一点是，销售不是什么高新技术，它没有那么复杂，它只是一套简单的程序。根本就不存在什么销售天才，所谓的销售天才都是非常善于借势的人，天才也是反复训练的结果。

前 言

销售是现代企业实现利润的最关键环节。因此销售的效率直接决定企业的成败。而销售人员就是“冲在最前沿的战士”。在瞬息万变的市场上，销售是连接企业与顾客之间的纽带，正是销售团队昼夜不停地进行着艰苦卓绝的战斗，企业才得以发展。

语言是人类沟通的媒介。在销售工作中，需要花费50%以上的时间，以书面、电话和面谈的形式与客户进行沟通。这些沟通决定了我们做事的成败。一切销售活动首先都是通过沟通建立联系，从而进入营销程序，最终签单成交的。所以说语言交流是销售行为的开始，直接关系到销售的效果。

在战场上，刀剑是有形的，而在销售中语言形成的刀剑却是无形的，杀伤力和穿透力比刀剑更强，有更职业化的意义和要求。一名签单无数的金牌销售员，并非是语言大师，也不一定会口若悬河地讲话，可他却能够把握机会，一语破的。一位成功的推销大师，曾感叹指出：一个理想的推销人员除了需具备一般人的品质外，还应具有哲学家的头脑、宗教家的精神、雄辩家的口才、外交家的风度和学者般渊博的知识。

一名成功的销售人员在完成销售中的每个环节时，都要调动各方面的能力，这样才可以精准地把握和掌控局面。比如：成功的销售人员说话时要有外交家的风度，能在举手投足之间、谈笑风生之时，让客户仰慕；成功的销售人员应具有哲学家的头脑，思维缜密清晰，这样对推销的各环节才能把握和安排得当；成功的销售人员也要有宗教家的精神，这样才能在遭遇挫折时，仍然坚韧不拔，继续跟进；销售人员还要有学者般渊博的知识，只有对推销的商品了如指掌，对顾客的需求洞若观火，才能提高交易的成功率；销售人员更要有雄辩家的口才，在谈判桌与午餐会上舌战群雄，力排众议，说得客户对自己的主张点头称是……

如何赢得新客户的信任?

如何维护与老客户的关系?

如何应对目标客户的拒绝和敷衍?

如何让客户只钟情于你并为你提供源源不断的生意?

本书从发掘潜在客户、营销跟进、推销、说服、谈判、议价、签单、售后服务等销售全流程、各环节入手，全面解析成功签单过程中你要具有的“说”的技巧。作者根据多年来的实践经验，总结出在销售的各个环节中，销售人员与客户有效沟通的实用技巧，这些技巧可以帮你快速掌握其中的秘诀并应用在工作实践中。让你在快乐中体验销售的成功。

目　录

第一章　做单的首要武器——口才

1. 找准切入点保证沟通顺畅

一切销售都是从沟通开始的。

销售工作需要高质量的沟通，这是实现销售目标的首要条件，掌握并熟练地运用沟通的技巧，肯定会取得事半功倍的效果。

提升自身的沟通技巧，将会更有利于自身业务能力的提升。拥有良好的沟通能力，才能以更好的业务水平，去服务客户，更加有效地拉近客户与公司的距离，提升客户对公司的忠诚度，真正架起客户与公司之间的桥梁。

另外，这种高质量的销售沟通也可以为销售人员积累人脉，毕竟任何生意都是人的生意。任何事情考虑了人的因素，给客户留下了很好的印象，都不仅可以在生意之中交到朋友，也能寻找到工作的快乐。

俗话说，好的开始等于成功的一半，就是这个意思。但在实际工作中，很多销售人员不善于找话题，很困惑于与对方闲谈时该如何开口，尤其是在开拓市场，初次与人洽谈合作事宜的时候更是如此。如果准客户属于沉默寡言的人，更是雪上加霜，谈话经常陷入冷场的尴尬气氛中。

所以，沟通就要找准切入点。

做商业销售需要口才，口才向来是做单的首要武器。口才很重要，但是很多人对口才并不是特别了解，有口才并不是指说话口若悬河，滔滔不绝。其实话太多了，别人会嫌烦。真正的好口才是循循善诱，善于问问题，让客户自己打开话匣子。

好口才不是说话多，而是能够说话说到位，几句话就能说到点子上，让客户感兴趣，并且能够和销售人员沟通下去。其实，好口才是一种人生的修为，有人语言表达得逻辑性强，观点独特，那是一个人学养的外在表现。有人语无伦次，前言不搭后语，那是知识体系混乱、思维模糊不清的表现。

我们的客户很多是商业成功人士，往往阅人无数，销售人员在精气神和语言方面只要几句话，客户就会对你作出一个最初的判断，这就叫第一印象。良好的第一印象，就是与客户沟通的切入点。

与客户初次见面，除了有些业务性质的谈话，往往要开门见山；一般沟通性质的谈话，多半是从闲谈开始的。与人闲谈，说些看来好像没有什么意义的话，其实就是先使大家开心一点，熟络一点，造成一种利于交谈的气氛。

然而就在这种闲谈之中，销售高手从客户的语言中就能判断出客户的价值观，价值观是一个人核心的东西，找到了它，你就能跟客户产生共鸣。所谓一见如故，相见恨晚就是这个意思。这就是销售沟通的道，这在于销售人员平时的点滴积累。否则，学到的可能只是沟通的皮毛而不是沟通之道。

好的销售人员不打无把握之仗，最好的打开话题的方法就是了解对方，了解对方的职业、地位、人品，并在某种程度上作事前的调查，如此即使是初次见面，也能够就对方感兴趣的话题进行自然交谈。

销售人员与客户的高效沟通基于对本行业的现状及未来的理解，专业很重要，专家级的销售人员明白顾客的需求，也知道自己能为顾客贡献什么。所以会给客户提供最能适应当下市场的解决方案。一问三不知的销售人员很难与顾客进行高质量的沟通。

高质量的沟通要求销售人员表现得很专业，在一次沟通之中就能了解顾客的价值观，弄清什么才是客户想要的东西，让顾客产生信赖感，并在信任的基础上做成订单，其实，搞定客户做成单，就是这么简单。

2. 合理解释，消除对方疑虑

做单本质上就是做人，任何生意背后都是活生生的人，所以做单就要围绕着人展开的。

销售的根本就是在销售你自己，所谓“销售你自己”，其实就是让客户信任你，接受你，对你有好感。事实上，销售的过程，从某种角度讲就是不断获得客户信任的过程，一旦客户对你产生了信任，他就乐于接受你的产品。

商场上充满了欺诈，这一点也是现实。三分之一的小企业倒闭往往跟商业欺诈有关，在商场上混迹多年的老手基本都受过商业欺骗，只不过人家不说出来罢了，所以客户的戒备之心肯定是有的。

所以对销售人员来说，销售是一种双向的人品判断过程，面对客户的不信任，销售人员要以诚恳的姿态，对客户的疑虑进行分析，并作出合理的解释，这一点还是要靠沟通，还是要靠销售人员的口才才能解决问题。

王永庆曾经说过，要深入了解一个人，最好的方法就是与他共事。在销售过程中，关键问题是我们跟客户还没有共事，所以只能通过语言来判断客户的心理和需求；同样，客户也只能通过语言来判断销售人员的人品，通过人品确定对产品的信任度。

在客户尚存在疑虑的情况下，销售人员就必须了解客户的疑虑点在哪里：是产品质量的原因，还是产品售后服务方面的疑虑，或者是客户有自己的私人利益？销售人员需要让有决策权的客户知道，自己是懂规则和潜规则的人。这个只要在聊天的过程中略举小例，客户就会心领神会了。

成熟的销售人员在拜访重要客户之前，总要找人推荐一下，所以销售人员的每一次交谈，都是人脉的积累过程。得到一个人的信任，他圈子内的人脉就可以为自己所用，这就是老销售人员都乐于帮人牵线搭桥的原因。有推荐人的生意，明话可以自己说，暗话可以托人说。

最好的建立信任的方式，是说服客户接受一个小单，这个小单一开始可以是为客户拾遗补缺的，没有关系，只要产品进去了，就有共事机会了，也就容易建立信任感了。这比口头建立的信任感就又进了一步。

沟通必须专业，这是我们解释产品和服务的根本，骗子骗的是钱，它们对冷僻的专业技能不了解，也不感兴趣。所以销售人员最好的武器就是专业，客户的问题恰恰是自己的长处。建立在专业之上的信任会将所有的疑虑一扫而光。

在没有消除疑虑之前，销售人员忌讳过于热情，在信任没有建立的情况下就称兄道弟，那会显得轻浮，销售人员的形象，是能够帮助客户解决专业问题的形象。在足够专业的情况下，只要跟客户说，我有共赢的思维，就是你赢我赢大家赢的思维，这就足够了。

站在销售人员的角度上，说一句君子不立于危墙之下的话很重要，销售人员的起点决定了销售人员的成就，所以选择销售什么永远比怎么销售重要。德鲁克说，做 100 万美元的生意和做 5 万美元的生意，销售成本相差很小。因为建立信任的成本是一样的，开拓客户，大单小单建立信任度的成本是一样的。

需要强调的是，在消除客户疑虑的时候也能消除销售人员自己的疑虑。我们要考查客户的现金流情况是否优良，否则生意即使做了，也往往会出现接单容易回款难的“老赖”，那样的结果也是我们不愿意看到的。

3. 做一个善于制造幽默的推销高手

人们都喜欢有点幽默感的人，幽默的话语总会让人会心一笑。在生活中，风趣和幽默可以给自己带来好人缘；在销售人员的工作中，幽默是一支催化剂，可以博得客户的好感，让客户觉得站在自己对面的是一个有血有肉的人。

出色的销售人员，是一个懂得如何把语言的幽默融入到商品销售中的人。可以这样说，一个成功的销售人员，要培养自己的语言魅力。有了语言魅力，就有了成功的可能。幽默可以说是成功销售的金钥匙，它具有很强的感染力和吸引力，能迅速打开顾客的心灵之门，让顾客在会心一笑后，对自己、商品或服务产生好感，从而诱发购买动机，促成交易的迅速达成。所以，一个具有语言魅力的人对于客户的吸引力简直是不能想像的。对于一个销售人员来说，培养自己的幽默感是一门必修课。

客户为什么会喜欢有幽默感的销售人员呢，因为幽默的人都有丰富的内心、细腻的情感和出色的观察能力。能够将客户的心情引向阳光的一面，谁在商务活动中喜欢一个愁眉苦脸的销售人员呢？幽默让客户感觉和你待在一起很舒服，销售人员给客户阳光，让客户有个好心情，客户给销售人员的回报就是白花花的银子。幽默，其实本质是一种心理优势的体现，富有幽默感的人，在内心深处都有较强的自身优越感，所以才会自嘲，而且自我嘲弄、自我贬低的程度甚至超过任何外人的轻视、指责和攻击。当遇到别人的挑衅时巧妙地运用幽默的自嘲，可以化解对方的攻击，同时释放自己心中的不快。

诙谐幽默的话本身就是推销自己的一种极具艺术性的广告语，不仅可以造成轻松活泼的气氛，还可以为销售工作创造出一个良好的环境。销售人员在运用幽默语言时，还应注意尽量以简单明了的语言把尽可能多的信息传递给客户。

不得不说，幽默不是自来水，想有就有的。只要我们细心观察，就会发现那些幽默的人身上有一种气场，无论在哪里，总能让人笑语不断。幽默的人对自己充满信心，他们是那种勇于自嘲的人，理解自己也能理解客户，他们与客户坐下来的时候，首先就会让人觉得这不是在做生意，而是在走入彼此的内心，跟客户做朋友。谈笑之间，生意做成了，还跟客户处成了好朋友、好伙伴。

幽默的语言其实是一种内智的外显，商业上的幽默确实是一种历练，是一种修为。商业本身就是一种互惠行为，我们跟客户的关系其实是一种平等的关系。如果在销售人员心里真的觉得客户是衣食父母，每一个订单都是客户恩赐的，那自己的销售价值也就无从体现了。其实一流的销售人员从来都是这样看待他们的工作的：自己每卖出一件产品，在自己或者自己企业得到利益的同时，也满足了客户的需求。

只有觉得自己对于客户是有价值的，才会与客户在心理和人格上形成平等。有一句话说得很经典：跪着的人没有幽默感。

幽默是一种风格，谈生意的时候，好的销售人员善于制造快乐的氛围，他们思维活跃，嬉笑怒骂皆成文章，他们将自己的产品和服务信息不经意间就传达给了自己的客户。销售高手在谈话的时候能够逐步顺应顾客的思路，抓住顾客的思路，最后必然是引导客户的思路。当一次商业会谈能够达到牵着顾客的思路走的时候，成交就已经变成了水到渠成的事情。

拥有三寸不烂之舌是次要的，比拥有三寸不烂之舌更重要的，是拥有一颗充满智慧的心。

4. 生动语言激发对方购买欲望

销售人员所面对的工作环境千差万别，境遇也各不相同，不管是商场里的促销人员还是大型企业里的大客户部门经理，在面对客户或者直接面对消费者的时候都有一个语言表达的问题。中国古人推崇的拙于言而敏于行的行事风格已经不适用了，在商务活动中的销售人员不但要敏于行，更要敏于言。

生动的语言表达是能力的倍增器，或者说就是能力的一部分。古往今来的仁人志士，无一不是语言方面的高手，语言也是他们征服别人的常规武器。

销售人员虽然在销售中不是去蛊惑人心，从而获取大量的支持者的，但是，道理和那些政治家进行演说时是一样的，这个世界的本质就是营销。政治家销售的是自己的治国方略，我们销售人员销售的是产品和服务。如果我们的产品和服务是具有商业价值的，在市场上是有竞争力的，那么剩下的一个问题就是如何向自己的目标顾客阐明自己的解决方案，变成了一个如何表达的问题。

推销语言的生动性，是世界上任何一个销售人员都要学习的。

一线的基层销售人员在向顾客介绍产品的时候经常会犯小错误。我们在卖场中，时常会遇到这样的销售人员，他们进行产品介绍时就像在简单地背书，缺乏生动性，客户很反感。这样就不能在极短的时间内引起客户兴趣，也丧失了继续跟踪的机会。对自己的产品信息掌握不够透彻，仅仅停留在知识层面，很难将之融会贯通。他们也缺乏基本的语言修炼，他们说的话只有自己明白，别人都不明白。

所以，对于一线的基层销售人员来说，不经过适当的培训就直接上岗是一种错误。有经验的销售人员在长期的销售实践中逐渐积累起来的真知灼见，可以用“传帮带”的方式培训新手。一线的销售人员应越来越注意到掌握生动的产品介绍对于迅速抓住客户、实现交易有着巨大的作用。因此，如果我们的销售企业能够拥有一套训练销售人员，使他们能够进行生动的产品介绍的训练方式，对短期提高销售人员的销售能力无疑是非常关键的。

一线销售人员的训练可以是程式化的，语音、语速、故事性的讲述方式完全可以事先设定，可以进行模拟演练。一线人员语言的生动性，是实现产品销售的直接推力，所以不得不重视。产品介绍不是知识了解，而是销售行为，因此行动比知识重要，产品介绍得好坏取决于销售人员是否经过了一定的程序训练，产品介绍是销售的基础，这一项内容学好了，才能够学好其他的东西。

对于专注于大客户开拓的销售人员而言，保持语言生动性的训练就变得比较复杂，因为很难事先设定销售场景。而且话题也远远超出产品的范围。客户最在意的显然是利益而不仅仅是产品特征，“对我有什么好处”就是客户的关注点。利益是客户追求的根本。

对于坚持大客户开拓的销售人员来说，语言的生动是最基本的要求，还是那句话，语言的生动可以通过有目的的训练锻炼出来，但是真正的功夫都在语言之外。

当然，我们如果想把话说到点子上，就必须对我们要销售的产品有充分的了解。只有充分了解自己推销的产品的功效，才能深入地去了解客户的需求，从中找到相通之处，进行有的放矢的说服。通常，客户只买自己想要的东西，当你能够通过和客户交流，让客户感觉到你的产品就是他所需要的，你就能轻松地拿下订单，成功地卖出产品。

我们讲了说话生动的重要性，那么如何才能具备与大客户沟通的能力呢。这还是需要在生活中一点点积累，也跟自己的工作环境息息相关。话说得有意思，一句普通的话从自己嘴里出来就能出彩，这需要一种生活的历练。

我们不知道那些动辄能谈下百万、千万大单的销售人员是怎么成功的，他们能做下大单，语言只是一部分原因，更多取决于自己的综合素质和销售企业的市场地位。他们具有高超的语言技巧和社交能力是一定的，这些能力是怎么形成的呢，最好的方式是向别的销售高手多多学习。

销售高手身上的东西很多是意会知识，意会知识是只可意会、难以或不可言传的知识，在实践中获得的经验和智慧是很难用文字完全表述的。它内含于特定的交流环境中，根植于特定的制度之中。只有那些进入特定的交流网络中的人，才有可能有效地理解、学习和应用别人的知识。

跟着他们，像他们一样做事和说话，进入他们的圈子，以他们作为自己工作的导师，有一天你也能做得和他们一样。

5. 有理有据建立信任关系

对于一个销售人员来说，能力结构可以这样理解，我们把销售人员比作一个雕塑，他们的综合素质就是雕塑的底座，而口才和社交能力就是雕塑本身。一个销售人员的能力在很大程度上是通过个人谈吐展示出来的。但我们展示出色的谈吐不是目的，目的是要用好的表达去获得客户的信任，继而获得订单。

从市场的角度，我们看到了社会存在着普遍的信任危机，在社会信任成本居高不下的环境里，重建商业信任环境是漫长的过程。营销部门是企业的赢利部门，每天我们一线的销售人员都在冲锋陷阵，他们带回来的现金流是企业运转的根本。

如果销售人员服务的企业不行，产品和服务在市场上竞争力有限，销售人员的营销工作就会变得困难重重，建立与客户之间的信任关系就不是好口才能够解决的，所以我们在谈做一单成一单的时候应该分析事实。产品从哪里来，产品到哪里去，产品才是经营的根本。所以形成产品的竞争力是战略问题，营销是策略问题，如何建立和客户之间的信任关系是战术问题。

我们不能脱离本企业的现实去讨论建立客户信任的问题，作为销售人员的个体，是可以作出选择的，一开始就选择在市场竞争中比较有优势的企业是明智的。市场上的优势企业往往在自己的本行业中具有难以替代的地位，所以可以相对容易地与顾客建立信任关系。而且企业的市场地位往往赋予销售人员建立信任关系的依据。

销售人员的好口才，只是自己职业成功的内因，好产品和好企业是外因。在此基础上去建立自己的人脉，建立和顾客之间的信赖关系。能够跟客户摆事实，讲道理是要有实力的，我们要注意外因对我们职业生涯的重要影响。有理有据，才能容易获得客户的信任，我们需要平台的支撑，拥有再强的个人能力也需要平台。

华为总裁任正非就提出公司资源要向营销人员倾斜，“让听到炮声的人呼唤炮火”，直接给一线销售人员部分决策权，使组织扁平化，企业架构向大营销方向作调整，将其他的所有部门都变成销售部门的支持者。相信在这样的企业文化中做销售是比较利于发挥能力的。也只有在这样好的平台上，销售人员的个人能力，特别是表达能力才可以得到最好的施展。

为客户解决问题，是我们做销售的根本，销售人员需要抓住客户的利益诉求。信任关系的建立需要销售人员的良好沟通，甚至销售人员为此要付出很大的时间成本。我们和客户见面好像都是不得不做的事情，但事实上这样做可能并不会产生我们预期的效果。因为销售人员往往不能从全局的高度来看待自己的工作，建立信任感的前提是我们提供的产品客户用得上，用得好。

比如我们很希望和某个大客户建立亲密的个人关系，于是我们频繁地约请这个客户，天天和他见面吃饭，但这样做之后，我们是否每天都会和客户拉近一层关系呢？未必，关键还在于自己的企业能否提供给客户不可替代的价值，就像一家电脑公司不能不理睬英特尔公司一样，他们销售人员的个人价值更容易在工作中体现出来。

我们钦佩那些在竞争力很差的企业里的销售人员，因为他们将工作向前推进一步，需要付出更大的代价。他们与客户建立信任关系更多的不是靠产品，而是靠出色的沟通能力。虽然商业贿赂行为能够达到与有决策能力的客户成为利益共同体的目的，但这毕竟是违法的，也不是良性的市场经济行为。

在与客户建立信任关系方面，我们销售人员从个人职业发展的角度上，不要相信那种“四两拨千斤”的小概率事件；销售高手都是相信“千斤拨四两”的，因为那才是自己职业生涯中的常态。他们相信，只有自己是钢铁战车的一部分，才能获取顾客的信赖，在战车的整体推进中找到自己的闪光点。

现在是网络时代，电子商务将改变商业的未来，我们很多的一线销售人员可能逐渐地在将以前的销售工作电子化、技术化。但是还是绕不过建立客户信任的问题。

在这个网络化的时代里，信任比以往更为重要，尤其在涉及到销售人员和客户之间关系的时候。即便是仅仅为了达成一笔交易，也必须建立起一定程度的信任。你必须要让潜在的客户心安理得地认为，你能够准时地按照协议价格把商定好的产品或者服务提供给他们。在当今的电子世界中，信誉往往是可以用他人获得的共享体验来在线计算的——淘宝网和阿里巴巴网上市场都有很多工具来测量信誉，因此买家和卖家都会精心培养自己诚信的好名声。电子商务的信用体系是量化的，所以和顾客建立信任关系在小额交易中变得简单高效。

6. 从容友善，营造推销气氛

这是一个如何营造推销气氛的话题，显然这是一个关于技巧的讨论。

和争取大客户相对的，就是小额的推销工作了，销售人员面对的大多数是直接消费者或者终端零售商。创造良好的销售气氛，需要设定场景。门店、卖场或者招商会等确实需要营造很好的氛围，但首要的还是销售人员要表现得有亲和力。

营造热烈的销售氛围对产品促销大有帮助。因为，当一件价廉物美的商品出现在人们面前时，人们一般不会立即蜂拥抢购，而是先由远至近地围观，再询问价格、性能等，然后再看看周围人的反应。

当有少数人开始购买时，他们会“冷眼旁观”；当买的人越来越多时，他们会挤上来看个究竟；当商品越来越少，人却越聚越多时，他们可能就觉得到了“该出手”的时候了——这是因为人们对商品价值的判断除商品本身的因素外，还需参考他人的意见或反应。

在这方面的销售中，一线销售人员的话语就会起到画龙点睛的作用，有观望者询问的时候要热情解答，将产品的介绍说到位。其实这些话并不是说给观望者听的，而是说给已经决定准备购买的人听的，临门一脚的关键性就体现在这儿。

进行现场购买的大多数人都是非商业人士，他们的判断力没有专业的商业人士高，他们中有一部分是理性的购买者，也有一部分是冲动的购买者，他们缺乏自主意识，容易从众。所以此时销售人员的表达一定要抓住观望者最关心的问题，用很友善的态度去解释，消除他们的疑虑，这样短时间内可以实现比较大的销售成绩。

营销人员应对自己的产品充满信心，并且要将这种信心用语言传达给现场的消费者，只有你对自己的产品充满信心，别人才会有积极的行动。情绪高涨，面露笑容，是可以感染或影响相关人员的。销售人员的从容和自信一定要让顾客感受得到。通过活动现场营销氛围的营造，能够刺激消费者产生冲动性购买，营销费用容易控制。

从心理学的角度分析，这就是所谓的“销售情绪正向效应”的一种。这种效应具有其他物质促销所不可代替的作用，可以有效地节约销售成本。

会议营销可以是直接针对消费者的，也可以是针对分销商专门召开的招商会议。这种营销可以根据活动的规模，前期进行有效的控制，资金周转快。会议营销在产生销售后，往往在当天就能回款，一般最多不会超过几天，相对传统销售方式而言，极大地加快了企业资金的周转期，提高了企业的资金周转率，经营风险低。

这种特定场景的销售模式，非常适合小企业的销售运作。

只要前期准备工作做得充分，会议营销模式比传统营销模式运作投入费用少，可控性强，企业经营风险较低。但是组织会议营销必须要有专门的团队，和零售一样，需要控制好现场的推销气氛，同样需要销售人员的从容，只不过，招商工作面对的客户都是专业人士，他们的利益诉求点就和消费者不一样，销售人员需要时刻站在客户的角度去考虑问题。

对于这些分销商，他们会认为产品质量和其他的产品因素的高标准是理所当然的，这方面不需要强调太多，只要拿出能证明的资料就可以，最大的诉求点是保证他们能够在商业上获得好处。

会议营销是和客户的双向互动，只在商家和客户之间展开，规避了竞争者的跟进。企业和客户之间随时随地进行双向沟通，拉近了彼此之间的距离，增强了企业和客户之间的情感联系。

推销氛围是企业销售人员必须用心去营造的。每一种产品都有与之相适应的销售方式，方式对了，企业的现金流就会很顺畅，销售人员的工作成就感就会油然而生。

7. 艺术沟通，实现销售奇迹

一般的沟通体现的是一种技巧，高超的沟通体现的是一种艺术。

既然是艺术，也就不是普通销售人员可以玩的，我们在书上看到很多的销售人员可以翻云覆雨，他们的销售谋略每每得以实施，就能获得客户的认可。我们听到很多老套的故事，比如乔·吉拉德的推销神话，几乎每一本关于推销的书上都有他的案例，甚至还有吉拉德生动的对话场景。

我们的推销工作果真像故事一样有趣，甚至浪漫吗？其实销售是最现实的工作。

作为故事，我们可以听听销售人员用几句中听的话将梳子卖给和尚的故事，我们也可以听听把冰卖给爱斯基摩人的故事，但是如果在现实中我们真的这么干了，那就会浪费企业的宝贵资源。每一个产品都有它的去处，在买方最密集、需求最大的地方，才会有最大的市场。

对于从事大客户服务的销售人员，销售有一套完整的程序，如果我们把销售技巧定义为“说服和影响客户，使他们接受我们的产品”的话，大客户销售技巧则在这种普通的销售技巧之外，还要多一层政治运作，也就是，大客户销售技巧包含两件事：销售和政治，这是由大客户的采购方式决定的。

所以在做大客户开拓的时候，不要指望仅仅通过语言艺术就能实现销售，大额销售从来都是理性的，作为销售人员，找大客户，都是首先找到接洽人，然后他们自己内部还有沟通和理顺关系的问题。所以做大客户，有一个字用得很准确，那就是“跟”。这是一个长时间耐心等待的过程，和现场达成销售的推销方式不同。

大客户采购的决策过程复杂，参与的人多，每个人的角色利益不同，因此需求不同，他们对企业销售人员的倾向也不同。而这些参与者之间会相互影响，最终的决策是整个决策圈子反复协商协调的结果。

在这种采购模式下，销售人员的沟通能力只是基础，我们首先要让决策圈子认同自己企业的产品，但仅仅沟通是不够的，还要运用政治手段，因为决策圈子中的人较多，必然有些人的利益需求会和我们的产品特点不一致，而且，如果还包含一些产品之外的利益需求，例如个人利益等，就一定会出现我们的反对者，这些人在我们用销售技巧无法搞定的时候，就要用政治手段，通过人情或权力关系让他们不敢或不愿意反对我们，也可以通过对整个决策圈子的运作，使他们的意见不能对决策产生影响。

做大单，拥有沟通艺术是必需的，所有做小单销售时需具备的能力都要具备，但是做大单的时候必须注意不要踩到客户内部人的“尾巴”。任何事情做大了都会涉及到政治，拥有出色的协调能力才能让事情在短时间内得到转机。

在门店、卖场或者招商会等现场销售中，艺术性的沟通可以使我们看到要失败的销售瞬间得到转机，艺术沟通实现顾客态度的逆转主要还是体现在小额销售上，有时候非常具有戏剧性。我们在关注大客户销售的时候也不能忽略这种销售技巧，毕竟大和小是相对的。消费品市场是在销售终端一刀一枪做出来的。一个销售人员，只有掌握了高明的说服技巧，学会了戏剧性地表现自己的意图，才能在变幻莫测的谈判过程中，左右逢源，达到自己的目的。

在销售现场，适当的赞美总是管用的，适当运用“黑白脸”也是很好的策略，富有亲和力的几句话会立即消除消费者的戒备，让准消费者立即转化为真正的消费者。一流的促销人员总在客户犹豫的时候起到关键的作用。每天都能将本来并不想买的消费者变成自己真正的顾客。

如何体现沟通的艺术呢？这需要事先周详的设计，将顾客分类，针对不同顾客说不同的话，出色的销售人员正是通过适当的话语设计实现销售奇迹的。

对于小企业来讲，如果产品没有过硬的品牌，开拓市场当然就难。当然，机会总会有的，其实一般的销售工作中难有什么奇迹发生，有的都是锲而不舍地围绕客户进行的沟通。

80%的销售是在第四至十一次跟踪后完成的，这来自于美国专业营销人员协会和国家销售执行协会的统计报告。采取较为特殊的跟踪方式，加深客户对销售人员的印象；为每一次跟踪找到漂亮的借口；注意两次跟踪的时间间隔，太短会使客户厌烦，太长会使客户淡忘，专家推荐的间隔为2～3周；每次跟踪不要流露出您强烈的想做成这一单的渴望。

很多小企业的销售高手正是这么做的，他们的行事方式和美国的这份商业报告是暗合的。我们看到很多书本上巧舌如簧的销售人员可以轻易地说服顾客，获得订单，那是在误导入门级的销售人员。其实，销售没有奇迹，真正需要的是持之以恒的精神，出色的沟通技巧只是表象，我们看到了水面上的冰山，但是我们没有看到水面以下更大的部分。

做一单成一单，拥有信念和沟通技巧，销售人员才能达到目标。

8. 精巧发问，做个好学生

销售人员拥有好口才是必要的，但是一定要知道什么时候可以说，什么时候不说最好。其实好的销售人员都是“好学生”。在销售过程中，他们首先就要把自己变成一个学生，先聆听，等到客户心里真正所想的东西为我们所掌握的时候，销售人员才能分析出客户的心里所想，了解真正的需求在什么地方。

向客户发问时，尽管没有一个固定的程序，但一般来说，都是先从一般性的简单问题开始，逐层深入，以便从中发现客人的需要，创造和谐的销售氛围，为进一步销售奠定基础。

有些销售人员会根据当时的场景，比如发现客户身边有些特殊的小物件，先从客户的爱好导入，然后再谈谈个人的一些志趣。销售人员在发问的时候表现出很大的兴趣，让客户逐渐放松对自己的警戒心理。

销售人员必须懂得客户心理，把握客户心理是销售人员最基本的素质，而把客户内心所想激发出来，就需要销售人员用语言去慢慢引导。比如客户喜欢绘画艺术，销售人员只要让他打开话匣子，他就会讲个不停。有时候工作会给人带来压力，但是客户谈自己的爱好时，恰恰是一个释放压力的过程。在客户讲的过程中，他就会逐渐将自己放松下来，此时，销售人员作为一个好的听众，会让客户产生一种知己感。

消除客户的戒备心理是销售的第一个步骤，在这个步骤当中，销售人员切忌自己不停地讲，这时候可能越是口若悬河，越会引起客户内心的反感。一旦客户的抗拒心理被放大，争取客户的好感就会变得很困难。结果只会是销售人员讲了半天，客户说："你将资料留下吧，我们研究一下。"或者找个借口说："您看，我今天比较忙，还有其他事，以后再说吧。"那样就不能达到销售的目的了。

我们在这里说销售人员做学生，是指要做客户兴趣的学生，大部分人都是有爱好的，至少也有个偏好，早年有个走私巨鳄就是通过个人爱好拉了很多人下水，他的逢迎技巧就是投其所好，声称有个爱好就好办。我们销售人员也应该抱着这样的观点：客户只要有个爱好，就能很好地沟通。

现在了解一个人的渠道很多，可以从牵线的人那里了解，也可以从网上搜索到关于他的信息，一个企业的中层很少不在网上留下自己的蛛丝马迹的。

销售讲求水到渠成，对于需要开拓，并且长期维护的客户，是忌讳一开始就讲产品不讲个人关系的，和客户接触，让客户对你有好感，继而成为朋友才是比较好的做长期客户的方式。当然，除非销售人员是在相对垄断的企业里面做销售的，客户没有什么选择，否则直接进行产品销售，和客户关系却处于十分薄弱的状况，这样的沟通就是不正确的，下一个竞争对手如果专注于做客户关系的话，你的客户资源就会被抢走。

其实掌握发问的技巧才是沟通的精髓：真正的专业人士不去想当然地销售，他们的沟通秘诀是“提问”。为什么这么说呢，在国内，在整个东亚地区，东方民族一般说话都是比较含蓄的，不太喜欢锋芒毕露，直来直去的，客户跟你坐下来，双方都没有消除陌生感，此时没有话题很可能会冷场。

西方的销售技巧跟东方的就不同，国际企业交往多数都是直来直去的，当然，关系也是非常重要的，但不是主导因素。很多销售企业与客户一直能合作几十年，这在欧洲一些老牌企业中是常见的事情。西方的销售人员会对中国式销售中的吃饭、喝功夫茶感到不解。

其实和客户喝功夫茶是一种社交方式，销售人员观察一下华人地区和亚太地区，喜欢喝功夫茶的都是经济比较发达的地方。几个人一起坐下来喝半天茶，这种商业交往方式其实非常的科学，在比较轻松的氛围之中，相互问一些生意之外的问题。其实话题很轻松就能找到，40 岁、50 岁的人，只要和他们一起回忆青春往事，马上话题就被扯出来了，说一天都没有问题，而且会将人性隐匿的一面表现出来，性情这个东西一旦表现出来，就很难收回去。等到条件成熟的时候，再将话题慢慢地引导到生意上面来。

很多客户在购买产品之前都将销售人员视为怀有“不良企图”的人，跨过这道坎儿才能进入正题。在问客户问题的时候，首先要作好做一个听众的准备。客户说得高兴的时候千万不要打断他们，而是表现出自己的兴趣，然后进行简单的支持性的谈话。

一般来说，客户在说话时不喜欢被打断，也不喜欢听有某种企图的销售人员在那里喋喋不休地夸奖自己的产品。所以，从礼节上来说，当销售人员以帮助客户解决问题的心态向他们提出友好而切合其需求的问题时，他们会渐渐放松警惕和抵触心理。用心提问其实也是一种礼节。

在交往中的信任问题被解决之后，销售人员跟客户的沟通就可以逐步地转入到销售内容上来了，在切入正题后，要通过提问来了解客户的需求并深入了解客户的差异化需求，此外，还需要通过提问来了解客户的预算、决策流程及决策相关人、客户接触过的供应商等信息。这个阶段很关键，它决定了你在后面“卖什么”以及“如何卖”。在这个环节上，功力深厚的销售人员往往还能够运用一些高级提问技巧来让客户产生强烈的紧迫感，放大客户的困难，让客户产生解决问题的迫切感。

销售人员可以这样提问：这个问题如果不能很好地解决，到时候会对你们企业的运营带来哪些影响呢？你们要是维持现状的话，每年带来的损失大约有多少呢？您目前最关心的问题是什么？除了我们，您还接触过哪些供应商呢？在这个项目上，您这边的预算情况是怎样的呢？除了您，还有哪些人需要参与到这个项目的决策中来呢？进行开放式提问既可以令客户感到自然从而畅所欲言，又有助于销售人员根据客户谈话深入了解客户信息。而且，在客户感到不受约束时，他们通常会感到放松和愉快，这显然有助于双方的进一步沟通与合作。

传统印象中，销售人员总是能说会道，他们通过语言来让客户明白所推销的产品是如何有价值。在现场推销的时候好口才比较管用，尤其是在小额交易中很有用，因为客户留给自己的时间只有几分钟，销售人员说得越精彩，客户越容易产生购买冲动。这种情况下，销售人员在有限时间内陈述产品的能力尤为重要。

在销售人员主动拜访客户越来越普遍、交易金额越来越大的今天，客户对决策可能带来的后果越来越重视。人们不再像以前一样能轻易被销售人员打动，“说”在整个销售过程中的效用在递减，客户能够忍耐销售人员说的时间也越来越短，他们要么就是下逐客令，要么就是以沉默或撒谎的方式来对付能说的销售人员。这种情况不但是浪费了销售人员自己的时间也浪费了客户的时间。不能了解客户的需求，因而直接说到客户的心坎的几率是很小的。

所以，对于销售人员来说，说得好不如问得好。

第二章　成单必备武器——心态

1. 开朗性格让销售变有趣

交换是这个世界的常态，同样，销售也是。

在企业里，最重要的部门是营销部门，在渠道为王的市场现实之下，企业可以没有工厂，但是一定要拥有市场。只有营销部门是利润中心，其他的部门都是成本中心，所以当今的企业组织架构和资源，都在不断地向营销部门倾斜。

任何事情都是人操作的，营销部门需要什么样的人才会获得更好的成果呢？答案是那些能够享受销售工作的人。

有个很通俗的二分法：在我们的企业里生活着两种人，一种人做事，比如做技术，做设计，能将产品做得很完美；另一种人热衷于搞人际关系，善于沟通，善于协调，善于领导人。既能做事又能做好人际关系的复合型人才极少。如果将两种人的工作互换，都会引起他们内心的痛苦。因为每个人擅长的东西不一样，工作和内心的冲突会深深影响着一个人的职业生涯，并影响到他的事业成就。

销售人员显然属于后一种人，他们对人际关系天生敏感，无论走到哪里，总能找到一大帮朋友，他们性格开朗，视跟人沟通为一种快乐。这样的人去做销售工作是适宜的，他们多数会在自己的岗位上做出好成绩。因为工作和自己的内心没有冲突，所以他们就会有较少的工作压力。对他们来说，做销售工作其实就是交朋友，然后通过朋友再结交更多的朋友。他们的开朗性格不仅能让他们获得工作上的成就，也能使他们找到真正的快乐。

在企业中，在社会中，也有这样的一句话，很值得人们深思：做事的人是食草动物，做人的人是食肉动物。卡耐基有句话很老套，几乎每本销售类的书籍都会收录，那就是一个人的成就85%靠人脉，15%靠做事。虽然我们无法考证卡耐基这句话的正确性，但是这句话已经说明了一个人成功的秘诀所在。这在人力资源部门的词典里也是说得通的，善于做事的人拥有技术和技能，他们本身就是一种资源；而善于营构人际关系的人多数都是资源的组织者。

花费这么多笔墨，只是为了说明一件事，从职业生涯角度来说，做销售工作比其他一般工作更容易成功，但是并不是每个人都适合做销售。也只有具有开朗性格的人才能享受到销售工作的乐趣，也只有在他们的眼里，销售工作才是生动有趣的。

追求快乐是很多人潜意识里的一个行为目标。大多数人都更愿意和快乐的人打交道，因为快乐是很具感染力的一种情绪，大家都愿意自己被感染，也觉得快乐。销售是一个创造快乐并传递快乐的职业，销售人员首先要喜爱这个职业，喜爱你销售的产品，这样你就会在销售中体验到快乐。你要用快乐和自信来感染你的客户，客户接受了你，就会很自然地接受你推销的产品。

性格开朗的销售人员是那种“看上去很美”的销售人员，他们总是显得很有魅力，其实客户很喜欢和这样的销售人员面谈。说他们是“忽悠”型，不知是否有贬损之嫌，但他们确实有忽悠的天赋。他们总是表现出胸有成竹的姿态，比较注意外在形象、环境，重视交流过程的美化，喜欢和客户制造些气氛，喜欢绕些弯子搞点艺术性，他们是典型的“买卖不成情谊在”的人。

在他们的眼中没有陌生人，而且总会寻找到销售工作中的乐趣。他们总是会很快获得客户的青睐，拥有不错的客户关系，关系型销售是他们最喜欢的销售方式。这样的销售人员能够将枯燥平凡的工作做得生动有趣，他们也能带给自己成就感和快乐，客户想到的他们能帮客户做到，客户没有想到的他们能想法子让客户有意外惊喜，他们在积累人脉方面具有很大的优势，如果他们能获得一个好的平台，是可以有一番作为的。

2. 充满激情地投入战斗

激情是销售工作的灵魂，作为一个销售人员，应具备的最基本的素质是对销售要有激情，然后是坚持不懈的努力，有 20% 的希望，我们就应该用 100% 的激情去努力。

一个人在一生中的成就，取决于他对待工作的态度。如果我们能把棘手的工作看作是对自己的一种挑战，并且满怀喜悦和热情地投入其中，奇迹就会发生。如果我们能够以充满激情和活力的征服精神去对待工作，那么我们就可以轻松愉快地完成它。

销售工作以业绩论成败。每天，销售人员都面临着很多的被拒绝与暂时没有成交的状况。销售是一项充满了变数与未知的事业。过往的数据只是我们经验的积累，并不代表我们明天会遇到多少客户，我们也不能准确预知客户的个性、爱好、消费层次和购买清单，我们甚至不能短时间内预测到竞争对手下一步将会采取什么行为。

虽然面临诸多不确定的因素，但是销售团队、销售人员必须对确定的目标中的业绩成果负责，我们必须想尽办法来创造尽可能大的业绩成果。当业绩不好的时候，销售人员就需要自己给自己打气，调整心态，以充满激情的姿态继续工作。善于自我激励的销售人员业绩会越来越好，被誉为销售明星；而不善于自我激励的人，往往会在短暂的困境面前耗尽激情，结果业绩就越来越不好，接着丧失斗志，直到被淘汰出局。

德国专家斯普林格在其所著的《激励的神话》一书中写道：“强烈的自我激励是成功的先决条件。”人的一切行为都是受激励产生的，通过不断的自我激励，就会使你有一股内在的动力，朝所期望的目标前进，最终达到成功的顶峰——自我激励是一个人迈向成功的引擎。

销售人员往往面临着比其他行业的人员更大的压力。销售的工作性质决定了销售人员不可能将工作、生活的界限区分得一清二楚。你的朋友就是你潜在的客户，你的客户也许会慢慢成为你的朋友。要想成为一个优秀的销售人员，就必须不断想办法维系与客户来之不易的关系，让他们成为稳定的客户，让客户为你介绍更多的客户；要挖空心思地、不断地、创造性地满足客户需求，源源不断地从客户身上获得更多的价值。

销售在企业里是团队运作，但是具体到销售人员，实际上所有具体的事情都是他们在孤军奋战。自己作决策，自己对业绩负责，业绩暂时不理想就会带来强烈的孤独感。此时他们需要自己为自己加油，自己为自己鼓劲，为自己鼓劲的人往往会创造更大的成就。生命和创造都需要激励。自我激励可以焕发创造力。歌德说过："失掉财富，你几乎没有失去什么；失掉声誉，你就会失去很多；而失掉了勇气，你就失去了一切。"好的销售人员应当一直保持充满激情的心态，要有乐观的心理和无坚不摧的勇气。

不可否认的是，这是一个高要求，是一件说到容易做到难的事情。这是鉴定销售人员优秀与否的分水岭，善于自我激励是成功者的特质之一，他们从不轻言放弃。真正的成功向来都是数年甚至数十年的持续推进，持久的绵绵之力积累下来也能做出很大的成就。我们看到的某些人利用非市场因素造成的超速成长，那不是一般销售人员成功的常态，但那会造成人们急功近利的心态。经媒体放大以后，这种不正常的心态正在影响着一代人。

从销售人员的角度来讲，一时的激情是不够的，要的是持续的激情。在销售中如果碰到问题的话，还需要理性思考。如果销售人员对工作持续努力，而且方法对头但效果不佳，那就有必要思考一下平台的问题了。

企业平台不行就换平台，花在争取平台上的努力是值得的，争取到的舞台越大，职业成功的可能性就越大。

3. 坚定信念清除思想顾虑

关于如何战胜自己的问题，显然是一个心理学的问题。但销售人员需要做的不是思考自己内心的问题，而是如何采取适当的行动。

做一件事拥有平常心是最重要的，做一件事心安理得是一种境界。举一个反面的例子，骗子说一个谎心平气和，没有一点儿心理障碍；老实人说一个谎脸红心跳，这说明老实人去做骗子的话，显然在心理素质这一关过不了。

一个优秀的销售人员恐怕没有这么多的理论，他们会觉得自己和人打交道，销售产品和服务是天经地义的。每天辛苦奔波，一单接一单地签下来，从未觉得自己和销售工作之间有什么障碍。对于销售工作，他们已经做到了以一颗平常心对待，他们会有“我不做销售，谁做销售”的自我评价，很享受销售工作带来的乐趣。

销售工作中的最大障碍不是价格因素，不是竞争，不是客户的抗拒，而是销售人员自身的缺陷。因为价格等因素是动态的，销售人员自身的原因会时时伴着自己。胆怯、怕被拒绝是新销售人员常见的心理障碍。他们外出拜访怕见客户，不知道如何与客户沟通；不愿给客户打电话，担心不被客户接纳。销售的成功在于缩短和客户的距离，通过建立良好的关系，消除客户的疑虑。如果不能与客户主动沟通，势必会丧失成功销售的机会。销售的核心工作就是不断地和客户互动，必须要坚定自己的信念，把握沟通的主导权，做到“积极主动”这四个字。

销售的目的是为了自我价值的实现，基础是满足客户需要、为客户带来利益和价值。即使被拒绝了也没关系，如果客户的确不需要，当然有拒绝的权利；如果客户需要却不愿购买，那就正好利用这个机会了解客户不买的原因，这对以后的销售是很有价值的信息。销售的价值就存在于一来一往的互动之中。

其实很多销售人员想多了，自己担心的很多东西是多余的。患得患失，担心会失去即将到手的订单。在这种不自信心理的作用下，他们特别关注客户说的每一个字、每一句话。同时，他们也不能主动提出与客户达成交易，唯恐此举会引起客户的不快而丧失订单。

销售人员往往是在消极被动地等待着。而在每次达成交易的关键时期，销售人员的竞争者肯定也会利用这段难得的时期加紧拉拢客户。因此，不能及时、主动地达成交易，而是消极被动地等待往往会让竞争对手抢占了先机。

在生活中，销售人员可以做一个想法多多、经常自省的人，但是在销售工作上，就不能想太多，只要做到为人真诚，尊重客户利益，凡事帮客户多想点，拿到订单就是水到渠成的事情了。所以要坚定这样的信念，努力将客户关系维系到最好的状态，相信自己的客户谁也抢不走，有这几点就够了。

对于新的销售人员，跟他们说坚定信念这样的话显得很空洞，还需要落到实处。唯有在实践中应用，才是真理。其实信念来自于对自己以往生活经历的肯定，来自于自我肯定，很多人都说失败是成功之母，这也要看是什么样的事情，在个人的职业生涯中，唯有成功才是成功之母。失败的道路有千条万条，销售人员只有签单成功，才能真正总结出开拓客户的成功模式，优秀销售人员的成功往往只是顺应了几条最基本的规则。信念来自于对自己能力的认可，能力从来不是抽象的东西，所谓销售人员的能力，就是知道人性，并且向一切销售高手的行事方式看齐。

销售高手都有自己的成功模式，他们的信念和自己的行事方式是相互强化的，销售技巧具有更多的程式性：一步一步地向前推进，直到客户签单，并且长期维系客户关系。

在坚定自己的信念方面，销售人员可以做的是努力做好当下的事情，在工作中积累自己的自信。

在消除顾虑方面，其实对准备投身于销售事业的人来说，这本不是什么问题，但还是要解剖一下自己的价值观，问自己一句，自己到底想要的是什么，不能说自己想要的是钱，钱是做好事情的副产品，经济上的成功是因为自己创造了巨大的市场价值。如果自己的价值观和销售工作有冲突，那这种心理冲突基本是不可调和的。要知道，选择做销售不是一种无奈，不是一种和自己内心的妥协，而是在自愿基础之上选择的一种生活方式，即使谈不上热爱，但至少每天会见顾客也不至于痛苦万分。

一个人从事了和自己的价值观相适应的工作，投入了多少精力，吃多少苦都并不会特别介意。相反会以苦为乐，就像很多在野外被晒得黑瘦的驴友一样，那是他们自己选择的生活方式。顾虑越少，包袱越少。一如既往地按人性规律去做销售，就容易成功，在工作上也容易找到自己的归宿感和成就感。

4. 借鉴成功经验勇敢面对客户

借来的火，点不亮自己的心灵。从别人身上借鉴成功经验并不是一件容易的事情，尽管如此，销售人员也一定要进行研究性的学习，在短时间内将别人的成功经验和失败的原因总结出来，然后应用到自己的销售工作中。

其实大部分销售人员都有胆怯的时候，因为销售工作的对象是人，人是动态的，一次沟通的结果可能会导向好的方面，也可能会导向坏的方面；不像具体的事情，只要按程序办，事情的结果就是确定的。在生活中患得患失者更容易碰到这样的问题，因为他们表现出了更多的内心顾虑。我们大部分销售人员的性格是开朗的，胆子也比较大，所以工作起来容易顺风顺水。做销售真的需要一点儿勇气，这是非智力因素，果断、敢作敢为这些东西是不能从书本上学来的。

当一个销售人员敢于直接面对失败和痛苦时，他行动时将乐观无畏，职业成功的机会也会大增。正因为有了痛苦，才有喜悦和幸福。通过自己的努力拼搏，克服了一个又一个困难，征服了一个又一个挫折，战胜了一个又一个痛苦，从而获得销售成功。因为销售高手知道，销售工作必须要面对结果不确定的现实，他们在骨子里其实是喜欢这种不确定性的，他们不会认为生产线更加适合他们。销售成功之后才会有真正会心的愉悦。

销售人员所需要的勇气其实就是直面不确定性的勇气，勇气这个东西是个人的禀赋，是很难通过学习来得到的。所谓秀才造反十年难成，就是这个道理，说的是秀才们知识有余而勇气不足，有谋而无勇还是一事无成的。销售人员要做的就是增加做单过程中的确定性，成功的销售高手和一般销售人员的区别在哪里？区别主要在于做单的成功率，这一点其实所有的人都知道，似乎只是一句废话而已。但这其实是本质所在。如果我们精选客户，我们做单的大部分时候都有路子，每次都有十之七八的成功机会，那我们所谓的不确定性就消失了，所谓勇气也就不需要了。

我们如何才能提高做单的成功率呢，借鉴一流销售人员的成功经验是最佳的途径，假设成功销售真的有秘诀的话，那就是要学习别人的经验，也就是说，用已经证明有效的方法来帮助自己成功。很多销售人员之所以没有成功，是因为他们没有学习别人的经验，而是根据自己的主观想法决定采取什么行动。然而，一般人通常没什么成功的经验，有的话也不一定是最好的成功方法和经验。

在销售工作中，为了少走弯路，赢得更多的机会，最可靠和最明智的方法，就是先观察、学习别的销售高手们经过实践证明是成功的经验，然后，再独立思考和拟订自己的行动方案，努力奋斗，达到自己的目的。

强将手下无弱兵说的就是这个意思，我们会看到很多跨国公司，还有很多国内一流企业的销售部门，他们往往是人才辈出的团队，销售人员的单兵作战能力很强；但是小企业却很难培养出销售方面的杰出人才。这不奇怪，每一个新的销售人员进入企业的营销部门，都要经过系统的培训，学习的内容恰恰就是本企业多年的营销经验的总结。经过系统训练的职业选手和一般的选手当然会有区别。关于借鉴成功经验的话，有一句很经典的总结：重要的不是你是谁，而是你和谁站在一起。

一个销售新手要取得快速进步，最重要的成功秘诀就是跟一流的销售人才学习，因为只有他们知道如何快速地激发自我的斗志，我们可以借鉴他们成功的经验以及他们过去几十年来积累的智慧，帮助我们避免犯一些错误，减少摸索的时间，快速达成我们的目标。你要成功，就必须跟成功者在一起；你要成为顶尖人物就必须跟顶尖人士在一起。因为物以类聚，这个道理长久不变。只要你能够进入那个销售高手云集的环境，跟他们学习，照着他们的方法，采取同样的行动，你就一定可以得到你要的结果。

这已经不单单是销售工作方法的问题了，能不能借鉴别人的成功经验，这还是一个悟性的问题，有些人悟得很快，悟得很早；有些人不能进入适当的圈子里，所以也就有终身不悟的事情。胆识是不可替代的东西，否则即使有了系统的经验和知识，也始终只是个“知道分子”。

5. 明确目标，时刻保持内心的方向感

坚持高目标和高起点，是本书对所有销售人员的忠告。

在企业里，最好的工作是销售，最差的工作也是销售。销售工作在企业里可以说是收入最高，但也是最难干好的工作；同时也可以说是收入最低，也最容易干的工作。销售人员的报酬多少首先是取决于个人的目标，其次才取决于个人的能力和努力程度。

任何一个优秀的销售人员都有一个明确的目标导向，一个没有明确目标导向的销售人员就如同一艘没有舵的船，自然无从奢谈缔造辉煌了，最终的结果就是失败。没有目标而导致失败的人，远远多过没有才能而失败的人，人与人之间的根本差别并不是天赋，而在于有无目标，有了目标，才会寻找到合适的方法去实现目标。所谓成功，就是实现既

定的目标。所以，销售人员成功的第一步，应从设立目标开始。

一个销售人员只要依照目标和计划行事，就会有很多机会。如果不知道自己想要什么，不知道自己该何去何从，就不能创造性地利用周边的资源使自己成功，销售人员必须要有明确的目标，才能克服所有的挫折和阻碍。

销售人员的目标是通过沟通促成与客户之间的交易。时刻专注于销售目标，所有的客户沟通都要围绕销售目标而展开。目标可以给销售人员一个方向感，在自己的内心有一把尺子，知道自己朝哪个方向的努力是有价值的，离成功也更近，然后剔除没有价值的东西，不浪费时间，不浪费资源。有些销售人员整天忙忙碌碌，却没有很好的销售业绩，其实没有明确目标的忙碌是对努力的逃避。他们给自己和他人造成一种非常努力的假象，其实他们是用“忙”来掩盖自己在创造力上的欠缺。关键是在确定方向后要找到恰当的方法，唯有如此，才能顺利达到目标。

目标对一个人的心理和行为具有很大的影响。心理学家的研究表明，目标可以激活大脑中的一个专门机制，这个机制被称为网状激励体系，它决定着人们的大脑在某个时间段能否集中注意力的焦点。因此，我们可以理解为，一个目标坚定的人其一言一行都是以这个目标为焦点的。但是，目标并非是单一的，也不是一成不变的。虽然销售人员的每一次销售活动都以达成交易为最终目标，但是这一目标却可以根据不同的实际情况进行分解，有步骤地实施自己的行动计划。

销售人员可以按照销售的进展情况对最终目标进行如下分解，首先是与客户进行一次面谈，简要介绍产品和自己，尽量充分准备以给客户留下良好的印象；然后就要设法使客户对自己和公司及公司的产品产生信任，让客户对产品的各项条件满意；最后在适当的时机达成交易。当然了，达成交易并不是最根本的目标，销售人员与客户沟通时必须明确，最根本的销售目标是达成交易并且令客户感到满意，从而实现与客户的长期合作。

有目标有计划就会步步为营，做事非常有章法，今天就能知道明天甚至一周之内自己要做什么，工作会变得很高效。美国著名管理学学者吉姆·罗恩曾经说过："每个人都有两种选择：谋生或进行职业生涯规划。对于销售人员而言，如果仅仅关注眼前的销售额而忽视长远目标的实现，那就只是在谋生，而不是为自己未来的职业生涯负责。那些真正有头脑的人通常会在最初创业时就明确自己今后的发展方向，并且通过自己的不断努力为实现长远的发展目标奠定坚实的基础。"

这就是所说的销售人员高起点的问题，因为目标和方法是一体两面的，销售人员需要长远的职业规划，这样就能长时间向一个总目标前进，能够积跬步成千里。销售人员往往会高估一年能完成的事情，但往往会低估自己十年能做的事情。从个人职业成长的角度，没有长远的职业规划就会迷失在工作的丛林之中。

德鲁克认为，并不是有了工作才有目标，而是相反，有了目标才能确定每个人的工作。所以"企业的使命和任务，必须转化为目标"，如果一个领域没有目标，这个领域的工作必然会被忽视。这位管理大师告诉了我们职业生涯的核心是目标。

如果销售人员想要成功，从今天开始，就不能再随波逐流了，定出一个明确的目标，写下来，牢记在心里。拟出切实可行的计划之后，立刻把计划付诸行动。用心胜于用力。"事倍功半"和"事半功倍"的差别就在于做事的方法得当与否，知道自己应该跟谁站在一起。目的明确，方法得当，一张一弛，就是生活的艺术。

没有确定的目标，就像一艘无人驾驶的小舟，漫无目的地随波漂荡。确立了目标的人，在与人竞争时，就等于已经赢了一局。确立目标是职业成功的起点，所以，以业绩为导向，用数字说话的销售行业，销售人员必须认识"确立目标"的重要性，锁定目标并全力以赴，离成为销售行业的精英就不远了。

6. 树立成功的企图心，语言要有影响力

生活有了明确的目标，为了目标而努力，信念就会促使自己不断地采取行动去实现目标。

信念的另一个叫法叫做企图心，或者叫野心也可以。很多成功学的书，都把企图心放在了核心的位置，虽然销售人员读了很多关于成功学的书，但很多人还是一头雾水，在短暂的兴奋之后马上又忘了，又回到了自己销售工作的常态。这其实是因为，这些销售人员缺少职业成功的目标，没有实现目标的强烈的企图心，所以就不能实现持续的自我激励，工作一段时间就会失去工作动力。缺乏动力的销售工作肯定是平庸的。

销售行业是以结果论英雄的高压力行业，压力可以让销售人员把企图心释放到极致，从而获得很好的业绩和可观的收入。但同时，压力也可能使销售人员产生挫败感，甚至心力交瘁，狼狈退出。这是每个业务员可能都要面对的喜与悲。跑业务，做销售，要拿下大订单就会面对大的工作压力，如果没有内在动力的支撑，是做不好销售工作的。

我们大多数时候说要拥有企图心只是等同于简单地喊口号，等同于一种狂热，等同于一个白日梦，缺乏实际行动来支持，并且很多人在实践自己的企图心的时候碰到了困难，就会退而求其次，无法做到言行一致，那就不是真正的企图心了。其实这也是很多人学习成功学没有学到精髓而只是学到皮毛的表现。

其实拥有雄心壮志并非就是拥有企图心，还是要把它转化成日常的行动指南，并且言行一致地去实践自己的企图心，再通过时间的积累把企图心融入到你的血液中和骨髓中，这时候才能说你这个人拥有企图心。

拥有企图心已经不仅仅是对销售人员的要求，所有渴望在事业上有所建树的人都需要它，它是事业成功的维生素。

企图心是心智和行动的统一体，在人群中，有方向感的人是天生的领袖，有着很强的影响力。世界上有两种人，一种是影响别人的人，一

种是被别人影响的人。而作为一名销售高手必须是一位影响别人的人，因为竞争的存在使销售人员不得不增加对客户的影响力，让客户由开始的拒绝，到后来的喜欢，觉得你是一个有意思有魅力的人，到最后的离不开你。销售人员必须具备专业的销售素养。销售素养就是你做哪一行的销售，就要具备这一行业顶尖销售人员的气质，让别人一看就知道你是这一行的专业人士，就像一个成功的学者，哪怕他穿得很朴素，我们一眼也可以看出他的眼神中没有凡夫俗子的迷茫，而是充满睿智。要提高自己的销售素养，就要注意自己日常的行为举止，经常反省自己的不足和改正自己的错误，只有通过日常的修炼才能具备真正的销售素养。

要想做好销售，销售人员就要下决心学好自己行业的专业知识。现在有很多企业对专业知识的培训越来越重视，华为的基层业务员必须通过专业知识考试才能上岗。销售人员对专业知识非常精通，才能给客户正确的指导，并能及时地解决客户的问题，这就叫专业能力。如果销售人员具备了很强的专业能力和沟通能力，他就是一名好的销售人员了。建立在个人学养之上的影响力是持久而醇厚的，客户也是人，也会被影响。如果凭借人格魅力去做销售，那就是顶尖的销售精英了。

作为销售人员不管遇到多大的挫折，都要保持激情。有激情的人会有一种由内而外的力量，我们可以把它叫做一个人的气场。气场越大，感染力也就越强；感染力越强，气势也就越强；气势越强，影响力也就越大。

小企业的成功销售人员身上往往会有一些江湖气质，这不是贬义，他们在企业产品竞争力不足的情况下，能靠个人魅力将产品销售出去，他们讲原则，讲义气，平时帮人无数，所以他们取得的成功是客户对他们的付出的回报。在不太透明的市场竞争中，这种销售人员占据一定的比例，他们的企图心很强，也有一定的个人影响力，只是没有接受过系统的职业训练，属于那种自悟型的销售人员。

销售人员在跟客户沟通的时候，一定要把自己最强势的一面表现出来，要显示出什么事情都能搞定的态度，要充满自信，坚定果断，而不能唯唯诺诺、拖拖拉拉，没有任何的主见。要影响别人首先要让自己具有影响力，要改变别人首先要改变自己。

畅销书《影响力》的作者罗伯特·西奥迪尼有一段关于影响力的论述值得我们每一个销售人员铭记："有一些人清楚地知道影响力的武器在哪里，而且经常熟练地驾驭这些武器来达到自己的目的。他们在社会上闯荡，恨不得让每一个人都按照他们的意志来行事，而且他们总是能够如愿以偿。其实，他们成功的秘密就在于他们知道怎样提出请求，知道怎样利用身边存在的这样那样的影响力武器来武装自己。而运用这些武器，并不难，有时只需要正确选择一个词就可以做到这一点。但是这个词必须要与强大的心理学原理相关，并且能够将'自动播放的磁带'放入人们的体内。相信人们很快就会知道如何从他人对这些原理的机械反应中捞到实惠。"

其实作者的话已经超越了一般人的认知，从销售的角度去看，我们可以将影响力看作是一个人内在企图心的外在表现。影响力的本质是给客户一个喜欢你，与你接近的理由，销售本质上已经从满足人的日常需求转到满足心理需求，销售已经变成对消费者价值观的满足。举个例子，要销售一块瑞士名表，你必须让客户明白它不是在什么地方都能买到的，因此将价格提升到 10 万元，因为这个表不光是用来看时间的，而且还是用来显示自己的社会地位的，戴上它可以赢得周围人士的尊敬。销售人员要善于包装自己，一定要将自己扮成成功人士的样子，这会增加客户对自己的信心，也有利于自己影响力的发挥。销售人员成功的关键是对人性的观察和把握。

7. 把沟通当做表演，让话语更加专业

生活就像在演戏，这不是说笑，这是真实的生活状态。

我们在家里，在学校里，父母和老师都教我们做一个诚实的人。活出真实的自己，保持一颗童心，显然没有错。可是我们走上社会以后，

就会发现，我们身不由己地在社会中扮演着不同的角色，做很多无奈的事，说很多无奈的话。如何把自己的角色演好，这就是一个非常重要的问题。

作为销售人员，需要和客户进行沟通，以什么样的形象出现在客户的面前，是一个必须要重视的事情，所谓建立专业形象，不只是要让客户看到你，而且是要让客户看到你是一个成功的销售人员，是客户所期望的职场成功人士。

其实，每一个销售高手都是出色的演员，他们还是自己职场上的导演。

中国是世界奢侈品第二消费大国，谁是消费者？奢侈品是做什么用的？天价的商品为什么会有那么多人争相购买？一语可以道破天机：所有的奢侈品都是道具，是我们在社会中扮演自己角色的道具。名车、名表、钻石和华服是显示社会地位的最佳道具。

看看公司同事之间的竞争吧，他们希望自己的服装、汽车、通讯工具、首饰、手表等东西都能压同事一头，以取得微妙的心理优势。同样，这种心理互动也出现在销售人员和客户之间。这是职场的现实，我们要参与其中，行事方式就必须符合这样的逻辑。所以销售人员要取得职业成功，就要借助一系列道具使自己具有成功人士的特质，甚至还要使自己具有一点点的传奇色彩，这不是虚荣，而是职业的需要。做事方式符合人性，成功的机会就会大很多。其实，自信而强势的销售精英的形象是需要外在的东西作支撑的，在开拓客户的时候，通过一举手、一投足之间展示在客户面前的形象，客户就知道你的分量了。

这其实也不是俗，而是在证明自己的市场价值，证明自己在职业生涯中服务过很多的客户，证明自己企业的产品获得了市场认可。

树立成功者的形象首先要有基本实力，但是仅有实力和信誉是绝对不够的，更重要的是让别人在最短的时间内看到你的优点。以往我们夸某人会说他有“内秀”，但在信息爆炸的今天，有“内秀”的人却经常吃亏，你需要迅速吸引别人的眼球，做到“秀外慧中”才是最高境界。

关键是你决定要表达什么，你想在别人心中留下何种形象。

将自己装扮成销售精英很重要，但是销售精英的形象是立体的，在实力之上，任何附加的东西，比如个人情趣和爱好都会为自己增加魅力。

也许我们觉得做到这一点已经足够了，其实不是的，这只是一个基础。

销售行为在多数情况下涉及语言沟通的艺术。这还是口头表达的问题，销售人员除了拥有很好的亲和力之外，拥有专业能力也非常重要。亲和力和专业能力是一体两面的东西，亲和力可以使自己和客户建立非常好的私人关系，专业能力可以保证自己能够为客户提供价值，能够以顾问的身份为客户提供专业服务，两者的关系是相辅相成的。

在现代社会，坦诚和礼貌非常重要。当你以诚恳的态度与客户打交道时，效果是显而易见的。你越是坦诚，客户也就越能敞开心扉。如果你把自己藏得很深，客户也不会与你靠得太近。销售高手以顾问的身份出现，帮助客户从多个方案中进行挑选。他们时刻保持积极、乐观的心态，对自己、产品和公司都有极大的信心。

优秀的销售人员能清楚地表达其产品将如何帮助客户创造竞争优势。他们能够为客户带来无形的收益并帮助客户节省成本。他们可以计算出能为客户创造多少价值，或者节省多少钱，进而指出客户面临的问题，减少客户对购置自己的产品的抗拒心理。总之，专业的销售人员能够将客户的眼球吸引到成效上来，而非一味关注购买产品所花费的成本。

他们通过这种方法为客户公司创造价值。他们在与客户谈话时尽量绕开价钱这个问题，最后也就不需要为客户打折了。由于这些销售人员把重点放在了增加客户的利益上，也就避免了客户过多关注自己的竞争对手的情况。

为了有效实现个人能力的全方位发展，顶级销售人员会对自身公司的各项业务进行全面了解。他们会不断增加个人的专业知识，并从大量的成功故事中学习经验。通过了解公司各方面的实力，他们掌握到每种产品的毛利大概是多少。他们坚持不懈地学习，随着能力的提高，他们逐渐明白每个产品、每项服务和每项业务将如何为客户创造价值。

在客户公司找到支持者，是促进业务开展的重要途径之一。顶级销售人员借助他们的内部支持者，来精心构建在客户公司内的营销网络。这些出色的销售人才知道永远不能把一切都看成是当然的，他们会改变意志不坚定者的立场，中立并同化敌对的思想，说服的技巧使他们的影响力得到充分的发挥。

优秀的销售人才明白在搭建业务关系时，诚信至关重要。他们意识到，诚信是建立在言行一致的基础上的。于是他们始终如一地遵守向客户许下的承诺，以便赢得客户的信任。

当公司的产品质量有保证，销售人员的专业能力和亲和力都具备的时候，客户就得到了一个商业上的好伙伴。

8. 何意百炼刚，化为绕指柔

对销售人员来讲，剑胆琴心是一种境界，侠骨柔肠是一种追求。

“绕指柔”是指一种非常柔软的剑，这个名字来源于西晋刘琨《重赠卢谌》的两句诗：“何意百炼刚，化为绕指柔。”意为没想到千锤百炼，却铸成了柔软得可以在指间缠绕的剑。原诗抒发作者自己欲建功立业而难以成就的感慨，充满了英雄失意的悲凉。

不过在现代社会里，绕指柔也用来比喻一种至高的境界。坚强的未必是最好的，因时因势而变，充满韧性也许是最能适应这个社会的。

销售人员需要过硬的心理素质，需要不断地自我修炼。自我修炼能够改变销售人生，它使得销售人员在销售生涯里，每当碰到棘手的市场问题时，总能鞭策自己，不再逃避，充分运用自己的智慧，成功化解每个销售难题。每解决一个问题，自己的能力就得到一次提升，灵魂得到进一步升华，由此一步步登上职业高峰，体验销售的无限乐趣。

既然写的是销售人员的心态问题，就要抛开所有好听但没有用的大道理，在自己的内心深处想清楚，在职业生涯中选择销售这条路为何是最好的，做一个销售人员历尽千辛万苦为何是值得的。销售人员需要自己给自己一条理由，这条理由足以令任何胆怯的销售人员振作起来，从人生的角度去审视销售工作对个人成长的巨大助益。

在商业社会里，没有人可以忽视金钱的力量。经济上的成功是大部分人都向往的，每个人都希望过上有地位有恒产的生活。很多年轻人，特别是大学生会选择去创业，其实，创业是何其难的一个事情，国内有关统计表明，大学生创业成功率在5%以下。很多创业者名为创业，实际上至多只是创办了一个自己养活自己的小实体，这些低层次的创业不足以改变自己的命运，相反极可能让你在很年轻的时候就背上一屁股债。

其实销售工作是一块试金石，可以在短时间内就能检验出一个人到底有没有能力创业，因为企业的职能是营销和创新，营销是一切商业企业生存和发展的基础。对销售工作认识不清楚就蒙着头想创业，这种成功机会不是没有，但是非常的渺茫。所以本书建议，所有欲创业的人首先要经过销售工作的洗礼，如果你能在一个企业的销售岗位上干得有声有色，创业的成功希望就会大大增加；如果自己在销售工作上做得不好，那自己创业也没有机会，即使强出头做了，投下去的钱也是注定要“打水漂儿”的。

所以从长远发展来说，从事销售职业是所有商业精英的必经之路。认清了销售工作的本质，也就不会再给自己找借口。如果甘于一生碌碌无为可以知难而退，如果销售人员和一切有志于商业成功的人士要发展，就会发觉，自己的职业生涯除了从销售开始，没有别的出路。

所以销售人员必须坚定信念，打造过硬的心理素质，百折不挠。对每一个成功者而言，成功的秘密只有一个，那就是持之以恒、锲而不舍。在任何人通往成功的路上都处处都埋伏着失败。不同的是，那些未能成功的人，在失败的教训面前总是畏首畏尾、退缩不前，最终导致半途而废。而成功者往往能够顽强地走下去。如果你觉得正在做的销售工作是自己喜欢的，如果你坚信自己是能够成功的，凭着积极进取、不屈不挠的精神，你就一定会如愿以偿。

做销售工作，有时候遇到的问题充满了不确定性，每每当你即将看到成功的曙光的时候，总会多多少少出现你未曾预料到的困难来考验你。有时候也可能在你看不到希望的时候，因为你的持之以恒，改变了事情的发展方向，最终达成了交易，签单成功。销售工作的轨迹注定不是一条直线，这个世界上最灵动的就是人心，而销售人员面对的恰恰是人心，所以每一个销售高手的职业生涯都是一部传奇。

很多的销售高手都有一个共同点，就是永不泄气、坚忍不拔。他们总是有很强烈的欲望。而那些失败者，一旦遇到对自己不利的局势，就显得脆弱，就不能坚持，而往往就是因为少走了几步，成功就远离自己而去了。销售高手的性格特点是勇于坚持，在任何困难面前，都能坚持到最后一秒钟，一点一点地持续不断地努力，以极大的勇气迫使所有的困难给自己让路。其实，有时看来，成功并不在于你力量的大小，而在于你能坚持多久。只要你努力不懈，就能在失败的地方获得成功。

如果你想做好销售工作，并能持之以恒、坚持不懈，就一定能达到自己的目标，实现自己的理想。只要我们能够以积极与乐观的态度面对挫折，把一切困难看作是对自己的挑战，就没有不可战胜的困难，就没有不能承受的挫折，就没有不可实现的目标。顶尖的销售人员通过自身的修炼，让自己变成一个内心坚强如钢，表面却屈伸自如的人。

要想让自己成为销售高手，成为一个真正的强者，就一定要学会坚强，学会执著，并永不放弃。只有相信自己的人，才不会随波逐流；只有相信自己的人，才会主动出击、坚持不懈、自强不息，最终实现自己的梦想。

第三章 培养每一单——积累人脉

1. 订单蕴藏于人脉之中

顶尖的销售人员都有一张自己的人脉网。

所有的生意都蕴藏在人脉之中，作为销售人员，如果不能建立并融入相应的人脉圈中，是不可能有什么成就的。所以“临渊羡鱼，不如退而结网”，这个网就是中国人所说的关系网。我们看到的商业上的往来，其实都是私人关系在推动的。

这符合组织行为学的基本原则，任何组织行为实际上都是个人在推动的。

做销售，我们看到很多顶尖的销售人员一单接一单地成交，真正的秘密不是这个人的专业能力超强、说服能力超强，而是他的销售行为符合了组织行为的规律，他知道如何利用私人关系的力量推动自己的工作取得成效。

销售的本质是经营人脉。因为不管你是卖什么，或是买什么，都要经过人来完成。对于一个公司来说也是如此。产品、服务、价格、宣传策略的制定都是由人来完成的。再宏大的战略都需要精准的个人执行力，所以执行的人就非常重要。而对于成功的销售工作来说，个人的人际关系和个人魅力或是影响力也就更重要了。当然，营销的成功与否，并不是单纯的销售问题，而是一个整合营销的问题。如果企业对销售人员的支持不到位的话，特别是市场推广工作不到位的话，销售的成功会变得艰难。这些问题销售人员都是了解的，销售人员积累的人脉资源跟自己的企业和行业是息息相关的，卖不同的产品就会有不同的人脉。比如一个企业做的是国产的电脑操作系统，那么销售人员积累的就多数是军界、政界或者是安全部门的朋友了。

人脉的积累是一个长期的过程，建立人脉远远不是过去所谓的“拉关系”那么粗俗简单，它包含很多层面的深化，需要用心经营。寻找人脉要主动出击，找到想认识的人就想尽办法去结识，结识后把他当成自己的好朋友一样慷慨对待。人的一生大概可交往两百多位朋友，最核心的可以有五十位。一般人看似朋友不少，但有交情的却乏善可陈；应酬场合活跃的人士，看起来人脉丰沛，但最后愿意为他两肋插刀、雪中送炭的都不是这些看来热和却只是点头之交的人，而是那些你可能忽略，却真正重视和你的交情的朋友。

由于生活经历的原因，销售人员的人脉圈往往和自己的工作紧密相连，所以和朋友做生意那是自然而然的事情。如果不是商业圈的人，两个人交往再久再频繁，没有商务上的合作，也是不会真正产生价值的，只有找到连接彼此的商业资源，才能产生市场效益。

销售是一项很有挑战性的工作，不会很容易就谈成订单。事事都要从自己积累的人脉方面去考虑问题，把日常工作变成自己的人脉资源不断加码的过程，所以，前一两次拜访不成没有关系，不要灰心，继续努力。第一次只要没有被赶出来，能建立联系，那就是好的开始了。在与客户互动的过程中，起先就是要混个脸熟，然后逐步通过以诚相待的方式与他们交上朋友。

许多销售人员感叹自己不成功，其实他们主要是不善于积累人脉资源，不会在商场上交朋友，不善于把人脉转化成销售业绩。做销售永远都在经营人脉，如果没有经营人脉，那就很难在企业内和行业内站稳脚跟。

当然，在做销售工作的时候，以交朋友的角度去看待生意，人脉就会更加巩固。所以，不要永远停留在经营人脉阶段，应该积极地把经营的人脉转化成商场上的资源，这样，订单将滚滚而来。

甚至有人提出“人脉就是钱脉”的观点，这就更直白地说明了，自己的财神就在自己的交际圈中。算命先生常说，今年有贵人相助，言下之意，自己的机会存在于自己的朋友身上了。

应该说，成功的销售人员不仅仅是经营人脉的高手，更是经营商脉的专家，当他们不断进行人脉、商脉和钱脉转化的时候，也在不断提升整个循环过程。在人脉的基础上创造人脉携带资源的合作机会，找到最佳切入点和通道，并通过一定的商业模式，实现彼此资源价值最大化的目的。

2. 收集价值信息，捕捉销售商机

现在是信息爆炸的时代，有价值的信息淹没在大量的没有价值的信息之中，如何得到有价值的信息，是我们销售人员的必修课，内幕消息为人不齿，但内幕消息是最有价值的。

张良得了一本《太公兵法》就成为一代军师，赵普靠着半部《论语》就能治天下，那个时代多数人都看不到书，但是能看到的书都是有价值的。所以，人类历史上反而是在那个时候出现了孔子、孟子、墨子这样开创一派的宗师，古时候得到的一点信息都是有用的信息，今天的人大都对信息已经失去了咀嚼能力。总而言之，我们的销售人员想得到有价值的信息，必须有自己的一套“信息战”系统，唯有如此，才能去伪存真，行动高效，迅速做下销售订单。

让我们看看顶级销售人员是如何构建自己的信息收集系统的。作为一名销售人员，人际关系必然是十分广泛的，他们有大量的客户朋友，这些客户朋友有时候就充当了“线人”的角色，如果不涉及到企业秘密，这也是很正常的商业行为。客户企业的内部会议上会有采购计划和采购要求，这些都是非常有价值的信息，在公开的信息渠道上你是无法取得的，正因为如此，这个渠道也是现在销售高手的主要信息渠道。

也许这一次的采购并不是自己的客户朋友负责的，但是销售人员已经知道了采购的负责人是谁，自己的竞争对手是谁，需要什么样的产品。有了这样的精准信息，销售人员就可以长驱直入，比起销售新手蒙着眼睛接触客户不知道要快捷有效多少倍了。

这样的销售高手让自己成为了一个有价值的行业信息的处理节点，他们隔三差五就会得到这样精准的信息。再加上自己的有意追踪大客户、培养大客户，老的信息来源和新的信息来源不断进入良性循环，结果就是我们看到的，少数的几个王牌销售人员的销售业绩占据了公司销售额的很大一部分。

对于大客户经理和从事大单销售的销售人员，他们对行业可谓了如指掌，他们明白自己的客户是谁，他们早就把行业内所有有关联、有决策权的采购经理都记下了。这些人都是自己需要找机会结交的人。要知道，在一个地区，这些职位有时候是变动的，很可能自己的某个朋友就会出任另一个企业的采购职务。这样的朋友可以直接将自己的业务带进新企业，他们也乐于帮自己的朋友寻找工作或者提供帮助，因为每帮助一个人就会多一个信息采集点。

对于企业的全局战略性思考一般集中在企业管理高层，一般的销售人员和中层都不经常考虑战略性的问题。出色的销售人员会关注自己企业的战略动向，更会注意客户企业的战略动向。字面意思可能大家不是很好理解，意思是作为销售人员，只要做好自己的本职工作就够了，但从职业生涯来考虑，这种思维是错误的，意味着销售者很难成为纵观全局的将帅之才。

比如光盘生产和销售行业就是一个典型的例子，如果一个销售人员在2000年进入这个行业，就会觉得这个行业利润丰厚，市场前景无限，自己在这个行业里能够积累很多经销商资源，还有很多的人脉，能够取得很好的销售业绩。但是随着其他数据存储技术和互联网技术的发展，光盘行业日趋衰落，作为销售人员，如果对产业的发展趋向没有洞察力，自己就会随着这个产业向下沉沦，这已经不是自己的销售能力所能左右的了。所以本书不仅谈销售能力，也会谈及销售人员职业生涯的稳定性。在当今的市场现实之下，看到市场变局并能适应变局的销售人员才是最好的。按理来说，销售人员是该最早看到这种变化的。

所以对于销售人员来说，收集来的信息一方面可以增加自己的销售业绩，另一方面也会让自己准确地分析和预测企业和产业的发展趋势，好的销售人员不是随波逐流的人，一流的销售人员永远是产业的逐浪者，站在市场的风口浪尖。事实上，一个顶尖的销售人才是不属于企业的，他们属于整个市场，应该是哪里能出销售业绩，他们就会出现在哪里。尽管企业老板不喜欢这样的话，他们更喜欢的话是“忠诚胜于能力”。

能够在市场上收集信息，并且能做战略分析的销售人才可以创造性地满足客户的需求。事实上现在任何企业，不管是上游的、中游的还是下游的企业，都需要研究消费者。否则，即使销售人员将货铺到经销商手里，但消费者也许并不认同，这对销售人员的业绩也会产生重大打击。

销售人员收集信息不仅是为满足当下的销售业绩，也是为满足未来的职业发展。发现新的商情，捕捉新的商机，只有不断为自己创造机会的人，才能一步一步踏上人生的顶点。

一般销售行业的信息会在互联网和公共出版物上找到，随着互联网技术的发展，对于行业信息的收集会变得简捷高效。对于这些企业而言，建立完善的客户数据库是非常必要的，但是当今很多小企业，为每一个客户建立档案的企业行为并不多。这些事多数是销售人员自己去做的，比如一个化妆品品牌店铺，我们需要不断地与忠诚客户进行沟通，让他们引导更多的消费者前来购买。

客户管理，亦即客户关系管理（Customer Relationship Management）的简称，也可以称作 CRM。CRM 就是通过对客户详细资料的深入分析，来提高客户的满意程度，从而提高企业竞争力的一种手段。

客户关系是指围绕客户生命周期发生、发展的信息归集。客户关系管理的核心是客户价值管理，通过“一对一”营销原则，满足不同价值客户的个性化需求，提高客户忠诚度和保有率，实现客户价值持续贡献，从而全面提升企业赢利能力。

现在，客户关系和信息收集以及信息化系统，很多小企业也已经在做了，效果如何不好说。真正的销售永远是人与人之间的沟通。作为传统的低价值的面对面销售，专业的销售表达通常是在两个人——销售人员和客户之间进行的。这种人际关系的维系相对简单，可以采取程式化的方式，哪一个顾客消费额比较大，哪一个顾客给自己介绍过来了更多的顾客，都是可以数据化的。

而当我们面对大额订单，面对的又是一个大客户时，销售人员所要面对的客户往往不是一个人，而是两个人、三个人或者更多，因此这些变化就对销售人员提出了更高的要求。这种高价值的信息要通过广泛的人脉基础才能达成。

3. 事事都留意，处处攀交情

对于销售人员来讲，人脉是销售业绩的基础，可是我们也不知道下一个机会会从谁的身上被挖掘出来，所以销售人员的耳朵是时时得竖起来的。销售，寻找有价值的信息、有价值的人，已经成为一种职业习惯。

虽然现在我们学习了很多国际上的经济理论，看过很多国际管理大师和营销大师的书，可是我们销售人员每天能落到实处的事情，就是带着自己的产品资料到处拜访客户，到处找关系，托人牵线搭桥找到我们的直接用户，在国内，这基本上算是一条捷径了。我们看到的介绍市场销售经验的书，多数都是发达国家的市场类的书，我们知道在成熟的市场经济中，一切是靠产品说话的，是靠创新或者品牌的不可替代性去赢得市场的，我们很少看到世界第二出口大国德国的销售人员在市场上满街跑，印刷行业没有人不知道海德堡这样的企业。无人能超越的企业，是典型的行业隐形冠军，他们的销售人员更多是变成了客户服务人员了，他们占据了整个世界经济链条的高端。这些企业能做到的，很多是我们国内企业做不到的，我们的销售人员羡慕他们，他们可以让技术专家走到销售一线，面对顾客了解需求，改进产品。我们做不到。

做不到就要面对中国市场的现实。

市场的创新引领者可以抛开关系和面子，用纯市场的价值观念去引领企业发展，这些企业的销售人员是开着坦克攻占市场的，他们的生活没有那么动荡，他们可以安然地去度自己的假期。可是在竞争性的行业里，企业的生存可能都是个问题，因为在中国许多事情都靠关系和面子才能做成。

所以，我们就会哀叹，在这个世界上，能决定一个人的生存状况的，除了个人能力之外，人际关系也是很重要的一项。有时候，你在能力的靶子上打出了 90 环，也比不上交情的靶子上的一个 10 环。很多顶尖的销售人员都是攀龙附凤的高手，他们利用各种各样的人脉在政商两界尽情演绎销售工作的精彩，高来高去的风格，让很多刚入行的销售人员难以望其项背。

攀龙附凤是一个贬义词，可这就是销售工作的现实。

其实销售人员处处留意人脉是有理论基础的，你和任何一个陌生人之间所间隔的人不会超过六个，也就是说，最多通过六个人你就能够认识任何一个陌生人。社会网络其实并不高深，它的理论基础正是“六度空间理论”。六度空间理论又称作六度分隔（ Six Degrees of Separation ）理论。这个理论可以通俗地阐述为：“你和任何一个陌生人之间所间隔的人不会超过六个，也就是说，最多通过六个人你就能够认识任何一个陌生人。”该理论产生于 20 世纪 60 年代，由美国心理学家米尔格伦提出。

六度分隔理论可以告诉我们，也许我们身边不起眼的人可以给我们的销售工作带来机会。

乐观的销售人员认为陌生人都是自己的财富和资源，每一个人都会在某一刻成为陌生人，如果今天你认识了一个陌生人，可能明天他就会让你少一个成为陌生人的机会。他们可能成为在你需要的时候给你牵线找到订单的关键人物，也有可能变成你今天的成功和未来更大成功的伙伴。每一个陌生人的背后都有他的一个生活圈子，结交这些人就是成功者成功的基石。让他们的人脉圈子为自己的销售工作提供帮助。所以，优秀的销售人员都会努力去认识周围的人；而却些平凡的销售人员往往只是躲在一边，抱怨没有合适的关系和生不逢时。所以开朗的性格和开放的心态对于销售人员来说是非常重要的。

但是销售人员不要忘了，我们的工作是在商业上，我们所有能够带来利益的人脉都必须符合商业原则，那就是对朋友、对客户是有利的，这就是市场上的互惠原则。这已经说得够直白了，朋友带来利益和利益带来朋友本质上都要遵守规则。

真正有意义的人脉关系是专业化的客户朋友关系。这需要良好的人际关系基础，必须学会和各种客户打交道，学会和他们交朋友。认真合作，配合做市场。这种人际关系是建立在尊重的基础上的，是靠专业的销售知识来维系的。客户永恒不变的话题是获利，因此有必要让客户感觉到你做事认真、敬业踏实，你在做生意上比他强，比他专业，你能教他很多做生意的方法，能帮他创造利润。只有这个时候，客户才会尊重你，相信你，才会同你合作，毕竟，所有的关系都是建立在商业利益的基础上的。

经营人脉必须遵循这些道理，时时结交陌生人，进入他们的圈子，看圈子内是否有人可以对自己的工作产生帮助，在一个地区，六度分隔理论所指的人脉更加紧密，也许，下一个人就会给你带来机会。

4. 投资于人，为未来铺路架桥

销售人员，要为创造职业生涯的成功而做销售。

在国内，很多中小企业活不过一个产品的生命周期，企业是短命的，但是我们销售人员则必须是常青树。所以作为销售人员，需要有长远的职业规划，除了按照销售人员的要求修炼自己的职业素养外，投资于人脉，为职业的未来铺路架桥也是必要的。

投资人脉和投资股票是一个道理，如果你不只是为了满足感情的需要，销售人员在拓展人脉时，就要选择那些能够或有可能给你带来收益的潜力股。

人脉也是一种资产，也是可以用来投资的。我们很多人都没有意识到人脉也是我们的可用资产。其实利用人脉打从人类开始群居生活就已经有了，我们平时生活中说得最多的就是“多个朋友多条路”。这些就是对人脉资源的有意识运用。在一个圈子里，所有的人都在成长，一个销售人员从基层干起，会认识客户采购部门的很多基层的人脉，其实在工作几年以后，自己成长为销售主管或者销售经理的时候，和你一样在大企业采购部门的人脉也在成长。在普通的竞争性行业里，每个业务员的进步都是自己人脉关系不断积累的结果。

所以，作为销售人员，应该知道什么样的人是前途远大的，他们办事果断，在职场上主动并且稍微强势，凡事爱做组织者；精力充沛，身上总有一股激情，具有非常到位的执行力。这样的人无论在哪个企业都容易获得升迁，将自己的本职工作干得很好。这样的人就是我们销售人员经常需要关注和维持关系的。

一个人能否成功，不在于你知道什么，而是在于你认识谁。人脉是一个营销人员通往财富和成功的门票，所以投资于人脉，投资于前途远大者，是在商业社会里成功的基石之一，也许得到回报不是在今天和明天，但是从一个销售人员的长远职业生涯来看，这种投资是非常值得的。这种投资，不一定是投入钱财，而是真正用心去与他们交朋友，人与人之间的关系，是不断变动的。两个人相处，不是越来越互相信任，便是越来越彼此猜疑。要想保持友谊，必须适当地互动。一旦静止，彼此就疏远了。人脉管理的关键在于互动。

建立自己值得维系的人脉档案，有目标、有意识地培养与他们的关系，人脉经营不在于知，而在于行。总体而言，要想增加自己的人脉资源，就要不断地向别人传递自己的价值信息，说白了就是尽力去帮助自己的朋友。付出终会有回报的，帮助别人，现在流行叫做“攒人品”。大家看到我们周围人脉广泛的人，个个都是热情助人的人，对人不冷不热者很少有广泛的人脉资源。

关于国内介绍人脉投资方面的书，最为著名的就是胡雪岩的“烧冷灶”了。看准一个人，在他还没有发迹的时候就投资于他。当然看这样的案例不能说明问题，对销售人员来讲，积累下来的人脉并不需要人家出死力，而是在做单过程中牵个线，都是顺手助人而已，人际关系中的行为多数都是助人助己。

销售人员在销售过程中，积累实力型人脉，是需要平台的。我们在工作中，一方面在培养未来的人脉，一方面又在完成当下的工作业绩，结交上层人士有自己的一套方式，这个社会越往上走，功利性往往越强，判断的标准就越是赤裸裸的，要不就不叫做名利场了。作为销售人员，他们知道，大单的决策权多数就在上层人士的手中，所以接近他们，自己首先得有实力，没有实力装也要装出实力来。奔驰车宝马车并不都是有钱人买的，他们在很多时候是力求上进的销售人员手中的道具。

只有自己有了独特的被利用的价值，才能在人际交往中如鱼得水，游刃有余。任正非有句话说得好：“人若无名，专心练剑。”《胡雪岩》中也提到：“自己是个半吊子，哪里来的朋友？”这些都是销售场合的现实。

但是，大人物都是从小人物一步一步走上高位的，所以，销售人员在年轻的时候就积极投资于人脉，在职业生涯中总会有超越自己想像的收获。

5. 组织聚会积人脉，凸显个性增魅力

有钱，有意思。这是现代人理想生活方式的高度概括。一个有魅力的销售人员，可以使自己周围的朋友有钱赚，也能给他们的生活增添乐趣，在带给周围商务朋友生活乐趣的时候，自己也会得到朋友在工作上更多的支持。聚会是现代商务活动中一种很重要的社交方式，销售人员应该好好利用这个工具，为企业和自己积累人脉。

销售工作就是做人脉，销售人员在日常生活中积累的人脉，被有些商界人士称为人脉存折，这是一种很直观的表达。人脉存折也是可以零存整取的，在运用得好的时候利将大于本。人们的钱除了存银行以外，可以通过其他理财途径来得到更高的收益，人脉存折也一样。通过平时的积累，存到一定的时候人脉也可以“利生利”，把握得好时还可以预支和透支。人脉资源其实有与信用卡一样的功能，信用好时，信用额度能够增加，所能透支的额度也就越大。

对普通销售人员来讲，21 世纪什么最贵？那就是“人脉”。人脉如同金钱一般，也需要不断地挖掘、管理、储蓄和增值。在当今的商业社会中，如何能科学有效地管理好自己的“人脉”，已经迅速成为了一个人、一个团体甚至一个企业能否在激烈的市场竞争中取得胜利的先决条件。

销售人员需要主动搭建人脉网，商会活动、同乡会等等都要积极参加，在商会里多做事情，多结识人，在其中找到能够对自己的销售工作有帮助的人进行重点沟通，在大型的聚会中销售人员很难做主角，所以只能有目标地结识人，在日后的工作中多加联系。

其实在大型的聚会场合，整个进程是不好控制的，打算在这样的场合深结人缘是很难的，除非自己是中心人物。任何大一点的商业聚会都只是寻找人脉，以便日后进行深挖的好机会。

现在流行的说法是生活归生活，工作归工作，工作生活两码事，对

我们销售人员来说，那只是一种梦想。爱因斯坦说过：一个人有没有成就，关键是看他业余时间在干什么。所以销售人员周末的时间如果不用来做人脉，那就不能取得销售业绩的快速增长。

我们不能小看周末小聚的力量，快速积累人脉的方式其实就存在于这些人数较少、场景可以自己设定、很容易结交到商场上的朋友的小型聚会之中。在聚会过程中可以很好地联络感情。在正规的商业场合，所有人都是西装革履的，这是职业的形象，但是在小型的聚会上，在销售人员组织的一次郊游中，人的心态就变得不一样了，这时候客户或者准客户的个人志趣，会得到立体的展示。所以现在市场上出现了专门的为进行小型商业聚会进行策划的策划师，将聚会的过程搞得有声有色。

在策划小型聚会的时候，要充分利用好公司所给予的平台和营销资源，因为对销售人员来说，他们的业绩跟公司本身的支持有很大的关系。要认真把握好每场聚会的流程、特色、邀请由头等等。销售人员要注意聚会中自己扮演的角色，以及如何才能获得更好的沟通效果，在聚会中表现出自己的个人魅力。在这种名为私人聚会，实则是隐藏着商业行为的聚会中，销售人员要精心策划，多角度地展示自己勇于承担、有情有义的形象，要给客户留下生意之外的深刻印象。

一场聚会我们要达到什么样的目的，这是需要事先规划的，进入人脉圈子里面的人是否值得自己或者公司为他们投入资源，也得作出判断。任何形式的准商业活动如果要有效果，都离不开销售人员事先的周密部署。

销售人脉是长期形成的，维系关系需要不断地创造自己与商业伙伴的互动。在小型聚会之中，可能会是朋友的整个家庭参加的聚会，在交谈的时候就要注意留心客户的爱人和小孩，在孩子开学的时候送个小礼物，在客户妻子生日的时候送个礼物之类的。维系关系很辛苦，但是人脉其实就是这么一点一滴做起来的。

积极获得人脉上的成功是成功学的基本准则之一，所以销售人员通过各种各样的社交方式进行人脉积累是必须要做的事情，在销售人员的事业中，只有一种朋友是不可或缺的，那就是引导你走向成功并给予你更多成功机缘的商务朋友。如果销售人员身边储备了足够多的这样的人，那么，在你每一次有需要或失意的时候，商务朋友所能给予你的，将是实实在在的订单和利益。业绩不好的销售人员有无数种失败的理由，销售高手却有相似的成功经验。很多成功人士的销售生涯远非人们想象得那么顺利，但是他们的成功经验告诉人们：成功确实可以复制。销售新手要想做成一点事情就要不断地学习，不断地获取经验，不断地积累人际关系，当人脉积累达到一定的程度时，职业成功就成了水到渠成的事情。

6. 无孔不入万金油，爱好广泛做杂家

万金油式的人是什么？就是到哪儿都灵的那种人，他们很热心，分内的小事情乐于助人，处理人际关系非常灵，和阳春白雪的人在一起他是阳春白雪，和下里巴人在一起他就是下里巴人。虽然我们说某人为万金油略带贬义，但是具有变色龙一样的适应环境的能力恰是长期修炼的结果。

虽然我们在生活中讲究随性而为，觉得能够活出真正的自己的人具有风骨。但是作为销售人员，我们是企业和市场的接口，就得随客户变化而变化。销售人员见过形形色色的人，经历过大大小小的事情，见到了很多，学习到了很多，得到了很多，面对不同的人，不同的事情，又要用不同的方式来处理，总体而言要做好销售工作就得像万金油，适应很多不同的客户。

营销的学院派认为，作为销售人员，“万金油”式的销售观念已经落伍了，现在的市场竞争已经转到了产品的价值竞争，销售人员应该给客户更多，比如专家级的服务，全面的解决方案，还有业务咨询等等。国内市场的现实是不一样的，在市场上，特别是一般消费品领域，“人治”的现象还是非常普遍的，在产业的下游，市场规则和人治方式的混

合型结构依然会长期存在。所以销售，依然离不开一线销售人员的拼杀，依然需要积累人脉以适应当下的市场要求。

在不同的行业，要求销售人员具有不同的专业素养，做销售工作的人就要做一个杂家，方方面面的素质都要经得住考验，无论是掌握知识、发现机会、沟通交流还是把握机会、成功实施的能力都要具备。这要求销售人员具有较高的情商，让自己做营销中的万金油式的销售人员和有心人。

销售人员需要有开朗的性格，万金油最引人注目的特征便是全身上下充满活力，非常热情，为了达到目的会不惜一切，拼命地朝目标迈进，什么事情都可以做，什么事情都会做。这种销售人员精力旺盛、朝气蓬勃，勇敢又坚强，而且知识面很广，学习能力很强，什么时候都是在欢乐中度过，谈吐很幽默，所以无论什么样的人，他都会相处，像万金油一样，到哪儿都可以派上用场，到哪儿都有人喜欢他，客户在一段时间看不到他都会有点儿想他。

万金油式的销售人员能够发现机会，在沟通交流中把握主动，从而能够取得很好的销售业绩；他们善于用心揣摩，能够留心营销中的每个细节，并从中甄别出有益于业务拓展的最佳时机。在同样的竞争条件下，万金油式的销售人员在人脉上更占优势，往往是胜者。

在实际工作中，变化永远比计划快，变化一直是我们工作中接触最多也是最费脑筋思考的事情，在服务客户的过程中永远都是“100 - 1 = 0”。在激烈的市场竞争中，没有永远忠诚的客户，只有永远维系住客户的服务。万金油做市场有他自己的一套，公关能力特别强，特别喜欢与人打交道，在维护人脉方面具有很强的能力。

我们与客户的关系其实是相当脆弱的，哪怕我们认为关系最好的客户都有可能因为你某个问题的疏忽或处理不当而翻脸不认人，绝情地离你而去。因此服务的每一个环节对我们都是考验，都是历练，所以销售人员需要做到具备出色的客户维护能力。

现在的销售工作，真正靠产品性能开展业务的并不多，商业社会竞争这么激烈，好产品也要凭借合理的营销策略才能打开市场。当然自己销售的产品也要质量不错才行，要不就等于搬石头砸自己的脚，销售人员最悲哀的事情就是好不容易攻下一个客户，却被自己的产品质量问题搞砸了。这对销售人员来说才是最致命的。所以销售人员就需要从更广的视角来看待客户关系，只有在好企业才有利于自己能力的发挥。

现在的销售市场和以前的市场确实有所不同，每个行业都在发展，有些行业有专门的技术要求，这就是行业的壁垒。所以现在针对销售人员也有了市场细分。现在市场上招聘销售人员，都会有自己的专业要求。

有人已经提出了顾问式营销的概念。这就提出了更高的要求，销售人员既要做杂家，做通才，也要做专家。这一点都不奇怪，销售现在要求的就是万金油式地开拓客户，专家式的客户服务。做杂家是为了打进去，做专家是为了稳得住。

一位资深销售人员对做杂家有自己的看法：做销售要成为杂家，知识面要广，对方瞒不了自己，对哪方面的知识都要懂一些，能说上几句靠谱儿的最好是有见地的话，别人会对你刮目相看。这需要从多种渠道涉猎信息，多读一些书，多去一些地方，特别是国外和一些平时觉得高档的不敢进的地方，多尝试一些没有尝试过的，花钱买见识。特别是作为男人，见识决定你的视野、胸怀和格局。另外，就是口才要好，脸皮要厚，心态要稳，不骄不躁，不卑不亢。

其实我们常说某些销售人员忽悠能力很高，其实这也和知识有关。一个销售人员老说外行话是不能让人信服的，所以销售人员必须坚持学习，做个知识广博的人。

一个优秀的销售人员，往往能上知天文下知地理，在知识面上让人觉得他是个通才。销售人员接触的人非常多，这些知识一些是在与人交往中学到的，但更多的还是自己平时的积累。

在国内，有“入行三年穷”的说法。当今的市场节奏是非常快的，市场不能允许我们缓慢地进步，所以销售人员在新入行以后必须快速地学习。在专业方面，你应该是专家，当然不是要求你做像工程师那样的专家，你不必回答有关产品和技术的所有问题，但是你应该知道从什么地方可以找到这些问题的答案。销售人员必须是杂家，你要了解业界的发展趋势，业界的历史与掌故，周围公司的产品，业界的时事，要有尽可能多的客户领域的知识，学会用客户的术语讲话。

此外，如果你有充分的各个方面的常识或者有业余爱好，你会发现，不管这种知识和爱好是在音乐、文学、历史、体育还是在其他什么方面，都会对你的销售工作大有帮助。

7. 自强不如有人提携，主动把握关键人脉

赵忠祥出的一本书叫《岁月随想》，厚厚的一本，当中有一句话："一个人本事再大，如果没有朋友的帮助，就像一粒没有阳光和水分的种子，永远不会发芽。"

销售人员的自我奋斗是必需的。但是想要取得职业生涯的成功，得不断地得到上司和客户的提携。人生每上一个台阶，都会有别人的帮助，我们把能够给予我们帮助的人叫做人脉，把在人生的关键节点上给予我们帮助的人称为"贵人"，这是销售人员在职业生涯中需要格外留意并时刻维护的关键人脉。

在漫长的职业生涯中，很多资深的销售人员深深地体会到，很多成功可不是靠自己打拼就能实现的，需要方方面面的因素，其中很重要的一条就是"贵人相助"：一个重大的客户可以让自己的经济状况完全改观；上司的提拔可以使自己得到一个可以充分发挥能力的平台；得到一个关键人物的欣赏，我们可以成为其核心销售团队的成员，不再仅仅是个销售人员，而是成为企业里负责营销方面的领导，甚至成为企业的股东。可以在你职业生涯的关键时刻发挥作用的人，能够适时给你帮助或指引的人，就是你的贵人。不要被动地等待贵人，要主动去寻找、创造、经营，借助贵人的经验与力量，让自己更上一层楼。

一个人在职场中是否能有贵人相助，其实最大的决定因素就是自己的努力。懂得用正确方式去拓展人际关系的人，绝对可以找到贵人。如果你有能力，而且在能力之外还有良好的人际关系、人脉优势，那么往往是一分耕耘，会得到数倍的收获。

自己奋斗远不如有人提携，这条法则已经得到了无数例子的证明。

销售人员在职场上遇见关键人脉的支持，有个人的努力，也有机缘，两者都不可或缺，光努力，没机会，是无用功；有机会，不努力，往往与成功失之交臂。在努力的前提下，机会就显得十分重要了，把握好了，那就是我们职业生涯中真正的拐点。

销售人员在职场上要找到认可你的人，这些关键人脉喜欢的是你身上蕴藏的潜力。找到了门路，接下来就是经常沟通、经常进行情感维系了，并且要做到很真诚，能够使对方在心中给你竖起大拇指。关键人脉不可能时时都在想着你，在需要指点的时候你要主动接近，主动沟通，亮明想法，主动获得帮助。

对新入行的销售人员来说，掌握营销的理论知识并不难，最难的是实践经验的快速积累和对方向与机遇的准确把握。自己的努力工作和不断积累的经验最终能提高自己、创造机遇和把握发展方向，但难免会走弯路、错路。由此可见，独来独往、单打独斗只会让自己举步维艰，能够获得他人的协助才是成功的关键。所以请记住，懂得构建正面的人际关系，并借助“贵人”的经验、力量，绝对可以让自己的视野、成就更上一层楼。

如果在自己努力的同时，能够借助别人多年积累总结下来的知识与经验的帮助，就能够少走弯路、错路，从而加快自己成长的速度。也就是说贵人的提携，就是销售人员成长的加速器。勤奋和踏实的工作作风是对业务员的基本要求，认真执行领导的安排和创造业绩是天职。任何领导都会喜欢那些勤奋和踏实的业务员，也希望手下能够认真执行自己的安排以维护自己的权威，更希望手下能够创造业绩来展示他的能力。

能干而且懂职场规则的销售人员更容易得到企业和客户高层的

信任。

贵人相助，顾名思义就是在极其关键的时刻，在别人的帮助下获得了想获得的结果。人的一生中要想获得成功，注定离不开贵人相助。单独靠自身力量，无论能力多强，智慧有多高，在当下的社会中，都是很难获得成功的。即使有所进步，那与成功也不能相提并论，是量和质的区别。韩愈在《马说》中已经说得再清楚不过了：世有伯乐，然后有千里马。千里马常有，而伯乐不常有。故虽有名马，祇辱于奴隶人之手，骈死于槽枥之间，不以千里称也。在这里伯乐就是贵人。

一个销售人员首先要将自己变成千里马，至少要让圈中人觉得自己是一个有潜力有前途的人，才有可能取得成绩。能干大单的销售人员也必能将小单处理得井井有条。一个销售人员要成为行业精英，需要不断地积累人脉，但是成功永远是以内因为主的，外因只是起到催化的作用，所以一个自己努力的人，会在职业的道路上不断地得到贵人相助。

作为销售人员，在事业的道路上如果得不到帮助，那一定说明你还不够努力。人性就是这样，你越是努力，别人就越尊重你，越愿意帮助你。

这是一个现实，关键人脉多数是成功人士，他们在提携你的时候，看到的不一定是金钱，也许在你的身上看到了自己年轻时的影子，也可能是你的努力得到了他们的欣赏。国内鼎鼎大名的地产大鳄，万科原董事长王石，也提到过在自己的职业生涯中，如何获得关键人脉的提携，从而为自己的成功打下了基础。

王石总结说，人的本质需求不外乎物质和精神两个方面，金钱能满足人对物质方面的需求，因而可以从一定程度上换来别人的帮助；而努力奋斗能让你赢得尊重，也就是满足了别人的精神需求，照样可以换来帮助，处处遇贵人。

20 世纪 80 年代，王石单枪匹马闯荡深圳，除了满腔的创业热情之外，几乎一无所有。起初，他从事的是饲料生意，从事长途贩运，从东北运来玉米等原料，然后自己跑市场，做销售。每次货到深圳，王石都亲自上阵扛玉米包，仗着年轻力壮，150 斤的玉米包，肩头一扛来回运送十几趟，健步如飞。

作为一个贸易公司的老板，王石可以不做这个事情，但他自己说，自己在心里有股冲劲。他的这种拼命三郎的精神，火车货运站主任看在眼里，记在心头，暗暗佩服这个为人诚恳、做事干练的小伙子。

就凭着这股冲天的干劲，王石的饲料生意越做越大，销路已不成问题，但有限的交通运力却成了他事业发展的最大瓶颈。那时的火车皮异常紧俏，谁有本事多弄一个车皮，就等于把钱装进了口袋。申请到计划外指标在那个年代可不是容易的事情。所以他拎着两条“三五”牌香烟，敲开了货运站主任家的门。

货运站主任知道他的来意，也没有收他的礼物。只是告诉王石：“我在货运站工作这么多年，只见过一个扛麻袋的老板，就是你。我觉得你很想干一番事业，一直想帮帮你，没想到你主动找上门来了。”第二天，在主任的帮助下，王石如愿以偿。后来再看，事情虽小，但是却是王石人生中一个重要的拐点，正是凭借着这个关键人物的帮助，王石为自己的成功打下了坚实的基础。

王石在自传《道路与梦想：我与万科 20 年》中提起此事，依然感慨万千地说道：“通过这件事，我悟出了一个道理，即使在商业社会，金钱也不是万能的，至少它买不来尊重。那个主任正是欣赏我做事的态度和吃苦精神，所以才愿意无偿帮助我。既然通过自身努力就能获得别人的尊重和帮助，何必还要去乞求别人的帮助呢?”

自助者，天助之，人亦助之。把握人生拐点，永怀一颗感恩的心，铭记那些在人生的关键点给予自己帮助的人。

关于关键人脉的作用，一种后现代的说法是：你没有变成齐天大圣，是因为你还没有遇到给你脚上点上三颗痣的人。

8. 千万不要小瞧女人的力量

销售人员在积累人脉方面，一定要重视利用女人的力量，这是人脉的问题，和当下商业中的所谓红颜毫无瓜葛。

古今中外的人脉情谊，最深的就是世交了。世交是一种耕耘极深的人脉，已经不能从功利的角度去看了。在本质上，这是一种很古老但是在当今社会依然很重要的交往方式，是一种家族式的交往。在财富家族和官宦人家，这一点会更加明显。这些东西，国外倒是有专门的论著，在家族和家族的代际交往中，女人起到了维护关系的核心作用。

揭去贵人相助后面的层层面纱，就会发现隐藏得极深的潜规则。身居高位的人总要老去，把青年才俊扶植为自己日后的势力，甚至在利益上是对下一代的人脉环境进行提前布局。这种交往往往使双方家庭都走得很近，这种托孤式的利害交代迟早都会发生。财富和官宦的隐性世袭，正是隐藏在这些私人的情谊之中。

对于销售人员来说，我们只是为了签单而已，好像用不着去理解这么多的东西。事实上错了，这些不是一般企业给销售人员培训时讲的“冲冲冲”和“刀枪不人”等洗脑式的培训内容，而是在深层次上阐明职业成功的原因。对于把握人脉，完全可以从他们的太太和孩子开始，单纯男人之间在利益上的联系是比较脆弱的。

我们看到有些人脉关系可以维系很久，这样的交往多数都是家庭式的复合关系，家庭的女人和女人之间也会保持密切的联系。在职场之上，人际关系维系得越久，往往就会显示出越大的价值。

在销售工作中，我们需要经营长期的人际关系，学会和政商两界的朋友共同成长。这看似艰难的任务，恰恰是自己职业成功的捷径。在国外，企业也会花精力梳理员工的家庭关系。日本富豪堤义明则把高层管理者的家庭关系当做一个重要筹码。每当要提升一个职员出任高级经理的时候，他必定先见见这个人的夫人。如果把一个经理晋升为公司董事，就得连家里的孩子都得叫来见一见。他认为一个不能让父母双亲、妻子儿女感到安心满足的人是不可能承担企业的重托的。在一个人家庭关系的细根末梢，发现那不容易闪现的人性，是堤义明的独到功夫。从人际关系角度讲，这是一个重要的观察人的视角。

当年盛田昭夫为开辟美国市场，为了适应美国商业高层的家庭聚会的交往形式，便把夫人和孩子们一起带到了美国帮他梳理美国的人脉。

其实他们建立的都是一种家庭复合型的关系。

让我们换个现实的视角，去看一下销售人员如何将这种方式应用到自己的工作中。在客户家庭关系中，一旦有什么事情，比如家人生日之类的，就要送上自己的小礼物。但是一定要有机会让自己在其家人面前曝光，多了解情况，为日后建立更深层次的关系打基础。俗语就是多吹“枕边风”。

其实真正需要运用这种复合关系的客户，大部分都是关键客户，当然也有人不喜欢自己的私人空间被打扰。但是这样的人一旦让你进入到他的家庭关系中，就会对你产生比较高的信任。这样的事情，具体怎么操作，那就是运用之妙，存乎其心了。

第四章 打造每一单——营销工具先过关

1. 电话营销打头阵，有的放矢效率高

信息技术工具是销售人员手里的刀剑。

一位六十多岁的营销老前辈对年轻销售人员说：我们那时候早上六点多钟就到客户工厂大门口等厂长的出现。那时通讯手段落后，打个固定电话都要费半天劲，凡事也就只能面谈了，也只有面谈了才能知道人家的态度，效率奇差，现在的业务员简直就是生活在蜜罐里的人。

此话不假，现在我们身边的通讯手段已经非常发达了，电话、网络已经成为销售人员每天必要的沟通工具，现在商务信息的采集和过滤的效率要比跑腿时代高出几个数量级。不过如何正确使用这些工具，就是我们营销人员必须要学习的课程了。

电话营销在企业营销中的作用通常从两个方面体现，第一是前导性的功能。要进行营销，就要知道客户是怎么想的，到底需要什么，在心里大致有个数。第一步总是要先接触客户，而电话就是最有效率的选择。第二则是量的提升，电话营销充分补足了营销人员在面对面接触的量上之不足。这种方式可以节省时间、体力、金钱花费，可以说是最经济的一种营销模式。

电话营销的成功率是非常低的，但以一个营销员一个月的电话呼出量来看，他所接触到的准客户数，几乎等于一个只靠两条腿拜访客户的营销员六个月的拜访量。电话营销的最主要优势在于充分发挥了大数法

则原理，也就是以量取胜。而电话营销的优势就在于速度与数量，借此将能够接受这种营销模式的人，快速地找出来。但是，并不是所有的产品或产业都适合使用电话营销。适用电话营销销售的产品必须简单，并且容易在电话中清楚地说明。价格则以人民币八百元为门槛，凡超过这一价格，就会面临成交率下降的问题，或延迟准客户决定的时间。这就涉及到商业诚信的问题了。

电话营销如果是直接推进业务而不是间接地获取信息的话，那是有行业限制的，并不是每个业务都适合做这样的销售。电话营销在国内的发展最被看好的行业，仍然是银行、保险公司等金融产业。以保险业来说，电话营销在大陆保险业的发展，最近一两年可能还处于摸索阶段，但就长远来看，会有很大的发展前景。与此同时，电话营销也会在其他领域有类似的成长。实际上，除了电信、保险、银行、投资等金融行业之外，其他如邮购、餐饮、各式俱乐部、健康食品、出版、招聘、软件、租赁、保养品等领域，都适合通过电话开展营销活动。

所以，销售人员就要考虑自己企业的产品和服务是不是适合电话营销。使用电话营销能够达到什么样的目的，这些都是需要我们销售人员去规划的。前文所述的电话营销形式实际上是电话直销，电话直销在市场营销类中是单独的一个门类，现在国内有很多专门从事电话营销的公司，有的企业将自己的营销服务整体打包托付给电话营销公司。当然，电话营销在国内的名声不算好，很多诈骗类的案例都跟电话营销有关系。

《世界是平的》一书中就举了很多电话营销的例子，在通讯成本很低的情况下，很多美国公司将自己的业务外包给同样讲英语的印度，比如信用卡讨债这样的业务，在美国，欠费账户人很容易就会听到操着浓重印度口音的讨债电话。

关于电话直销，已经形成了完整的产业链条，针对不同人群，不同类别的企业都有完整的数据库和客户资料。比如有一个北京的管理培训公司，在国内的很多旅游城市开设短期的培训课程，在时间、地点还有招生人数设定好之后，就将业务打包，将全部招生工作包给相应的电话营销公司。电话营销公司会向专业的市场调查公司购买相应的数据库资料，比如国企高管的联系资料。这些资料可以帮助电话营销公司展开高效率的营销服务。

电话营销公司会根据客户的特点对电话销售人员进行专业的培训，语言和沟通内容都会做到很精准，很容易找到客户的兴奋点，做到很高的成交率。

对于做一单成一单的目标来说，解决对目标客户进行电话营销的精准性是首要任务。我们首先要知道他们在哪里，用最有效率的方式把他们找出来，然后将自己的产品和服务推荐给他们。一旦模式确定，就可以进行标准化的操作，甚至运用带有生产线性质的人海战术，经过适当培训的电话销售人员就可以开展业务了。

对于电话内容的传达，还是以这家管理培训公司举例。他们对客户传达的内容有几个要点，一是培训地点在旅游名城，二是授课的都是名师，三是自己企业的资质高，四是接受培训是积累人脉的好机会。这些恰恰是那些企业管理层比较感兴趣的，所以招生工作一直做得很顺利。

电话营销对于其他行业的销售人员同样是十分重要的。无论做什么样的业务，电话沟通总是打头阵的，对于一个销售人员来说，如果有一会儿没有电话打进来，那你的电话就应该打出去。积极主动是对一个销售人员最基本的要求。

电话营销很重要，但是对于很多销售人员来说，并不像卖出一件产品那么简单，我们销售人员要做的是一种关系，要找的是一个伙伴。所以对于开拓型的销售人员来说，电话营销只是为业务工作开了一个头。

但好的开头是成功的一半。电话是销售人员与客户沟通、联系的重要工具，有时客户会通过电话粗略地判断你的人品、性格，决定见不见你。也有很多时候，一笔生意的成败，可能就取决于一个电话。因此，让对方从你的电话中感受到你的热情友好，给对方留下诚实可信的良好印象，让对方期待见到销售人员本人，是非常重要的。因此，学习和掌握基本的电话沟通技巧和礼仪是很有必要的。

销售人员在开拓客户的时候，应该知道电话沟通的局限性，电话无法通过你的肢体语言来帮助自己传递情绪。所以销售人员只有在语言上下工夫了，如果你的语言和声音尊重对方，礼貌热情，就会给对方留下良好的印象。这就是电话沟通最基本但也是最重要的要求。

电话销售人员都知道，成功的销售和推荐来自于顾客对你和产品的认同与信任，所以，你在电话中的语言和声音，是否让顾客感觉到了被尊重、被关注，是你能否感染并打动顾客，赢得顾客信任的关键。这个问题，不管是做大单还是做小单都需要掌握。

销售人员给别人打电话时，如果想到什么就讲什么，往往会丢三落四，忘却了主要事项还毫无觉察，等对方挂断了电话才恍然大悟。因此，应事先把想讲的事逐条逐项地整理记录下来，然后再拨电话，边讲边看记录，随时检查是否有遗漏。另外，还要尽可能在 3 分钟之内结束。良好的沟通，不仅意味着把自己的思想整理得井然有序并将其进行适当的表述，使别人一听就懂，而且还要深入人心，促使听者全神贯注。

电话沟通的场景其实是很难事先设定的，因为沟通的对象是人，人是灵动的，心情也是随机的，这些都无法确定。看到有很多书籍都为电话沟通设定了对话的场景，然后通过高明的狡辩式的话语说服客户，其实真正决定沟通结果的是客户的需求，而不是语言的技巧。

所以，一定要真诚，用声音将笑容传达过去。销售人员要非常了解自己的产品和服务；也要保持礼貌和尊重，记住，即使客户不积极，也永远不要和顾客辩论，如果那样，错的就是销售人员自己。对于电话销售人员来说，这个客户的拒绝意味着下一个客户的开始；对于做单的销售人员来说，必须留下伏笔，争取面谈的机会。

2. 电话沟通的技巧，语言魅力的展示

用声音传递笑容，用声音表达友善，是电话沟通的首要任务。

良好的交流沟通是一个双向的行为，它取决于销售人员能否抓住客户的注意力并正确地解释你所掌握的信息。在面谈或者电话沟通中，销售人员给人留下的印象必须是积极和正面的。犹如发酵粉能使面团发酵膨胀一样，印象在沟通中能发挥至关重要的作用。电话沟通的技巧也要符合这样的沟通原则，如果想做成订单，在电话里就要给别人留下好印象。

我们的电话商务沟通跟电话直销具有很大的区别。电话直销很多时候是在撒大网，寻找直接购买的顾客，如果不能在一次电话中促成购买行为，沟通就不能算作成功。而对于开拓客户的沟通行为，潜在客户的数量是有限的，在一定的区域内，有些客户是必须要去争取的，所以，我们进行电话沟通时一定要注意，这是为建立关系而进行的前哨战，在打这个电话之前，其实还有很多的事情要去做。

我们开拓客户，就要知道我们的潜在客户在哪里，他们的一般资料需要事先掌握，信息了解得越多，在电话沟通的时候自己就会显得越从容。其实销售人员在电话沟通之前之所以心里会七上八下的，就是因为对需要沟通的客户不甚了解。如果我们知道客户的情况，并了解得很多，沟通就会很淡定。

现在的商务沟通工具是很多的，互联网是最重要的沟通手段之一。电子邮件是商务沟通传达信息的最佳工具。商务沟通在开始的时候都是信息的沟通，所以大量地传达信息是必须的。也只有客户对企业的信息有充分了解的时候才会知道这是不是符合自己的需求，客户也会决定要不要跟销售人员沟通下去。

电话沟通需要一个理由，尤其是第一次的商务沟通，这就很有讲究了，虽然我们不能完全确定电话沟通的结果，但是我们必须给客户一个

很难回绝的理由，所以语言魅力就显得很重要。我们联系上一个客户，往往希望几个电话就得到面谈的机会。打这样的电话，就需要事先设计。

我们准备充足的资料，资料要做得非常人性化，符合客户的阅读习惯，将自己企业的产品信息做成一个标准的数据包。然后将自己的即时通讯方式、电子邮件地址，甚至个人博客地址也一并打包，保证客户能全面地了解自己，这在以后的双向沟通之中是非常有用的。因为基于同样的道理，客户要跟销售人员沟通，也必须有足够的信息来消除陌生感。

销售人员拿起电话打给客户的时候，就需要告诉客户，贵公司是自己企业最需要争取的合作伙伴，自己企业的产品非常符合客户的需求，同时告知客户，自己已经将产品做了一项非常翔实的说明，准备当面呈交给对方。也会将产品信息以电子邮件的方式发送给客户。在语言中要表现出自己的热情和自信，同时一定要传达出想结识对方的讯息。

在接通电话，客户愿意听下去时，销售人员就要迅速切入谈话正题。不要认为迅速进入正题会冒犯客户，生意人最注重的还是实在的利益，你必须尽快地以产品能给他们带来利益作为谈话的内容，才能引起客户对你的兴趣。

销售人员："张经理，您好，这个电话打给您，是关于业务上的事情，我们是××设备制造商，在行业内能够跻身前三位。能够帮咱们公司提高生产效率。我叫××，是企业的销售主管。"

客户："哦，您好，您打电话给我们，是要销售设备吧，我们将来可能有这样的需求，但是现在这些并没有列入计划呢。"

销售人员："是的，我们知道贵企业的生产情况，我们为您准备了详细的资料，是专门为贵公司整理的行业资料，其实你们遇到的问题我们都能帮上忙的，一会儿我会发电子邮件给您，请您一定看一下。你们是不是感觉由于行业竞争的激烈，企业的利润空间太低了呢？"

客户："是的，行业间不正当的竞争，使企业的利润越来越低，成本却节省不了多少。”

销售人员：“听说，你们企业目前还是使用××设备吧？”

客户：“是的。”

销售人员：“据我们公司的最新数据统计，那些购买了我们设备的企业，在不增加人力成本和材料成本的前提下，赢利都能比同期增加15%。我希望我们的产品也能让你们的企业得到更多的利润。而且在财务上不会给贵企业带来负担。”

客户：“什么产品？”

销售人员：“这些资料和本行业的案例我会发到您的电子邮箱，这么多的信息电话中不能完全表述，请张经理务必看一下资料，接下来我会继续跟您联系。”

电话沟通的时间本身是比较短暂的，迅速切入沟通的主题是通话双方最希望的，所以电话营销人员无须害怕或者忌讳迅速进入沟通的正题。第一次沟通只要留下继续沟通的理由和详细资料就足够了，还是那句话，对企业来说，超过一定数额的购买行为都是理性的，不是销售人员几句话就能决定的。先混个脸熟，再交个朋友，这需要一步步地沟通和慢慢实施行动。

对于需要长期跟踪的客户，没有必要一次就将所有的事情全部说完，电话营销人员在描述产品时，应该主要说明产品能够帮助客户解决哪些实际问题，能够为客户创造哪些价值和利益，这样客户才会容易接受你的东西。

对于成套设备的营销或者其他大额产品的营销，销售人员就必须长期跟踪客户，学会跟客户共同成长。客户会在什么时候采购工厂的设备呢？往往是在新业务开展、老业务难以为继的时候；或者老设备已成为提升效率的障碍，管理层长期为其困扰的时候，客户就会下决心考虑更新生产设备，但光凭这个还不够，还要踩到企业财务准备好的那个点上。所以客户的购买行为不是我们销售人员几句话就能决定的。但这个点则是销售人员需要长期跟踪的，当然，跟采购部门建立联系后就能静静地等这个点的到来，如果能够建立很好的人脉，就会促成这笔生意。当机会点出现的时候，就要牢牢抓住机会。

了解了整个购买行为，才能更清晰地了解电话营销在整个销售过程中的地位和价值。

无论电话营销还是登门拜访销售，产品的自身价值都是销售过程中必须强调的部分，因为这是客户决定是否下订单的关键因素。电话营销工作的困难之处在于，如何在最短的时间内和客户建立关系、取得信任、产生交易。对于开拓型业务，就需要按照做单的要求，一步步走踏实，直到客户签单。

3. 用声音传递热情，友好语言添好感

掌握电话沟通的技巧很重要，对销售人员来说，电话沟通是一项重要的基础工作。

销售人员礼貌而有吸引力的问候语，会立即引起客户的兴趣，谁都希望碰到好事情、碰到开心的事情，人们对不舒服的事情普遍有逃避心理。所以销售人员拿起电话之后，15 秒钟的开场白是非常重要的，这 15 秒钟客户的心情，可能决定他是愿意跟销售人员继续沟通下去，还是找个借口快速拒绝。

客户都生活在销售的海洋中，所以对于没有创意的电话销售很轻易地就会找借口拒绝。所以你首先得要给顾客留一个好印象，说几句比较容易打动人心的话很有必要。给人打电话时，电话接通后说完“你好”之后应该马上通报自己的姓名。如果马上接着说正事，对方会一时反应不过来，或许还会给对方造成困扰。对方可能不好意思问“你是哪位?”因为如果听不出是特别熟悉的人的声音，接电话者就会不舒服。

对于初次和顾客沟通，第一个问题就是要自我介绍，减少顾客的陌生感，这一条是铁律，任何电话营销的书籍和培训课都告诉销售人员，电话沟通的第一步是亮明身份。接下来的事情就是简单地问候。开场白

或者问候语是电话销售人员与客户通话时在前 15 秒钟要说的话，也就是介绍完自己，转入正题要说的第一句话。这可以说是客户对电话销售人员的第一印象。虽然我们经常说不要以第一印象来评判一个人，但我们的客户却经常用第一印象来对电话销售人员进行评价。如果说对于大型的销售项目，即大单的销售，第一印象相对而言并不太重要的话，那么在电话销售中，第一印象是决定这个电话能否进行下去的一个关键因素。

开场白要达到的主要目的就是吸引对方的注意，引起他的兴趣，以使他乐于与电话销售人员在电话中继续交流。所以，在开场白中陈述价值的部分就显得很重要。所谓价值，就是要让客户明白电话销售人员在某些方面是可以帮助他的。

研究发现，再没有比价值更能吸引客户注意力的东西了。陈述价值并不是一件容易的事情，电话销售人员不仅要对其所销售的产品或服务的普遍价值有研究，还要研究：对这个客户而言，他看重的价值在哪里。因为同一产品和服务对不同的人，价值体现是不同的。

电话销售的一般只是几百元以下的产品，决策程序很简单，如果产品或者服务刚好是符合顾客要求的，顾客当场也就拍板了。不过近几年以来，随着互联网技术的发展，有些大型的网站都有自己的比价系统，所以顾客也会先作调查，根据收集到的信息完成订购。能够直接接受电话销售的顾客在变少，一些不会使用互联网的中老年人是电话销售的主要对象。所以打电话的时候，要快速地作出判断，在称呼上根据对方的年龄，改叫“叔叔”“阿姨”会更加具有亲和力。

对于电话销售，需要进行声音的训练，要让自己说话的声音有魅力，在语言中透露出自信，有力道，让人感觉到热情。电话交流时，双方都看不到对方的表情，唯一交流的途径是听。因此问候时首先要语气适当、声调适度、咬字清晰，更不要说方言。过快过慢、大声或者有气无力的问候，都会让对方产生不良感觉，从而影响整个电话交流的效果。

对于销售人员来说，说什么话，怎么说，最好要自己写出几套脚本，选择合适的词汇，和剧本一样，写得比较有新意，容易引起顾客的兴趣，这需要在实践中不断地去总结。事实上每个行业都会有不同的沟通要求，顾客的特征差别是很大的。根据不同类型的客户说不同的话是基本要求。但总的原则是要将自己的产品和服务说清楚。对于电话销售来说，销售人员只要做到这一点，也就可以了，顾客很少会因为销售人员多打几个电话就购买产品，购买是因为我们的产品确实能为顾客带来价值，正是顾客需要的东西，销售人员能做的，最多是将对方潜在的需求激发出来。至于没有需求也要创造需求这样的事情，往往是企业战略管理的范畴，不是我们电话销售人员能管的事情。

资料准备好后，就要好好训练，对着镜子，自己练习。电话销售要有效运用声音的感染力，我们不一定拥有富有磁性的声音，这是天生的，但是我们可以经过训练，将事情表达得很简洁，语音抑扬顿挫，富有节奏感，让客户感觉舒服。电话沟通用词要准确，电话沟通的特征是完全用声音传达信息，所以一句话说出去，要考虑客户理解时会不会产生歧义，准确而专业的表达才会让顾客产生好感。

4. 善用互联网，多渠道沟通

比尔·盖茨有一句关于未来商务的预言：“要么是电子商务，要么没有商务。”

互联网是一个公共的信息平台，是平民的媒体，如果我们销售人员不懂得运用互联网的力量，那就太可惜了。互联网不仅会改变着销售人员的工作环境，也会对销售人员的职业生涯产生巨大的影响，所以我们销售人员一定要会用互联网，善用互联网为自己的工作提高效率。

虽然有些人整天上网，打游戏、交网友，肆意玩乐，但那样的网络行为不会带来任何的价值；而只有利用网络从网民变为网商，利用互联网为自己的销售工作带来新境界，才是我们销售所追求的东西。所以，网络是我们销售人员不可或缺的工具之一，推而广之，网络也是新时代创业者最重要的工具，现在很少有哪家企业的采购行为完全不受网络的影响。

销售人员多数情况下属于卖方。其实网络对于卖方来说，从来就不是什么“好东西”，对于商家来说，它是放出妖魔的魔瓶。网络现在已经成为了全球一体化的比价机器，不管是多么冷僻的机器设备，也不管是什么品牌产品，只要进行搜索，就会得到无数的信息，买家就可以进行比价，研究性价比，对于销售人员来说，这是可怕的事情，它几乎打破了数千年来“买家不如卖家精”的铁律，它使得利润的实现变得异常困难。

在现在乃至今后数年时间里，卖家和买家的信息变得越来越对称，这是我们销售人员不得不面对的问题，所有供应商，大到跨国公司，小到街头作坊都要面对同样的问题，互联网普及的十年，为普通的制造业和商贸类企业带来的是什么？答案是互联网基本消灭了暴利，让我们的企业——我们销售人员供职的地方，利润变得微薄。我们进入了真正的微利时代。

海尔董事局主席张瑞敏说过一句话：现在电器制造的利润就像刀片一样薄，中国家电必须“走出去”“走上去”，创国际品牌，而创国际品牌的唯一途径就是要实现高增值下的高增长。

在国内市场，除了垄断行业，像房地产业、资源性产业依然前景光明，其他的所有行业都不得不面对残酷的市场竞争，甚至是赤裸裸的价格大战。互联网对价格战起到了推波助澜的作用。

这是我们销售人员所面临的新现实。在网络时代，销售人员即使已经有了超强的人脉，也必须进入标准的销售程序，使得自己中标的价格跟市场上能够查询到的公开报价相差不太远。置身在相对透明的环境里，谁也不能违背最基本的市场价值标准。而未来的互联网竞争正是制造这种透明环境的推手。

上文只是说到了网络时代的企业战略环境，这似乎和我们销售人员的关系不那么直接，其实，销售人员作为企业的雇员，必然会受到企业利润的影响，没有高附加值的企业，是不能支撑企业人员的高薪酬的，所以销售人员选择高附加值的企业更能保证职业上的成功，同时品牌类企业的销售人员更易于成功。不管是传统经济还是基于网络的经济，这一点都没有改变。

我们的销售人员必须善用互联网，网络既然是媒体，就要让自己的信息无处不在。利用网络传达信息的方便性，和客户建立多渠道的沟通。

和客户进行沟通，手机和电话这样的工具当然必不可少。基于网络的通讯工具是个非常有益的补充，要有效利用网络传播信息的方式，让客户在网络上能够找到自己，和自己洽谈，找过来的咨询者都是有潜在需求的，所以都是高质量的信息源。

销售人员要和顾客建立多渠道的沟通，每天 QQ、MSN、阿里旺旺这样的即时通讯工具都要尽可能地在线，这使得和客户沟通起来更加方便，现在企业的采购部门一般也都是在线的，销售人员可以给他们简单地留言，也可以进行行业信息的共享，一些重要的信息可以传递给客户，这些都是举手之劳，起到一种简单的服务功能；有时间的时候也可以随意聊几句，这样可以多增加了解，逐步扫清陌生感，使彼此成为商务朋友。

网络社会强调的是沟通，喜好相同的人们更容易聚集起来并互相影响，而且这种聚集起来的沟通比以往任何一种沟通效果都好。很多企业都注意到了网络的这种力量，并进行了有效的运用。因为营销的本质就是交换，就是一种沟通，通过网民聚焦所产生的商业价值是巨大的，是任何一种媒体都不能比拟的。通过 QQ 群或者其他的群沟通工具，可以将客户和产业链上的商务朋友聚到一起，在开拓业务的时候，这就会是一张很大的关系网。这种关系网不如人脉网那样紧密，但是也是非常有用的。

销售人员不要小瞧了个人博客的力量。博客已经是一个现代人展示自我的平台了，一个人的志趣和知识在博客里展露无余。销售人员平时需要很久才能知道客户内心的想法，但是通过博客我们就可以在尽可能短的时间里看到客户的内心想法，也很容易知道客户内心到底有什么样的需求。这对于销售人员来说，是再重要不过了，销售的普遍法则就是人们更愿意跟熟悉的人做生意，因为这会减少欺诈的发生概率，与一个陌生人建立信任感不是一件容易的事情，但是对人的信息了解得越多，就越容易产生信任感，对人判断不准，都是因为信息支持太少。

所以销售人员需要建立自己的博客，这对己对人都是有利的事情。建立自己的商务博客，将自己从事的职业和感悟写出来，将自己内心的东西写出来，自己去过的地方写成游记，总之，要将自己的光荣历史写出来，这可以让客户多渠道地了解你。客户在决定跟我们合作之前，必然要全方位地寻找销售企业和销售人员的信息，以作出自己的判断。如果企业和销售人员不提供全面的信息，那就阻碍了客户作出判断。必须提供给客户足够的信息，比如价格信息，如果比竞争对手贵，贵在什么地方，需要给客户一个贵的理由。

如果我们不能提供给客户足够的信息，那么谁会得利呢，在信息时代，谁能提供最详细的信息，谁就能获得客户的青睐。企业的竞争对手向我们的客户提供了更好的信息，他们就有可能打垮我们。现在做销售，需要提供给客户尽可能详细的信息，这已经是最基本的要求了。

互联网是客户手边最便捷的寻找信息的工具，所以销售人员必须做到：将自己的产品和联系方式在网络上多加发布，使它们无处不在，这是网络营销的真谛。

我们可以设想一下这样的场景：一位客户需要采购一套仪器，已经有两个厂家的业务员送来了产品样本，但产品样本提供的信息不够详细，也没有用户对这种产品作出评价。于是客户的决策人员就上网搜寻，结果在网上收集到的两个企业的信息也很少。但是，客户在搜索过程中，发现了另外一家仪器生产厂家。这个厂家有着非常详细的产品性能的介绍，这个信息来源于该企业一个销售人员的博客，这个博客不仅有企业生产车间的大幅照片，也有企业员工郊游时的场景，看得出这个企业是一个非常人性化的企业。产品的生产流程，元器件的质量控制等在博客里都有详细介绍。客户很感兴趣，于是将相关的链接传给公司老总和其他人员。

销售人员博客中的其他内容也引起了客户的注意，这个博客有几篇原创的散文写得特别好，字里行间能够透露出博主的活力和对美的向往；博主书法非常不错，他将自己的作品传到网上；还有自己大幅的生活照，透露出博主是个有生活情趣的人。

博主的所有联系方式都展示在醒目的位置，客户就拿起电话联系了他，对于作为销售人员的博主来说，隔三差五就会有这样的咨询电话，并且能够促成交易。

现在这样的交易每天都在发生，互联网改变了部门销售流程，首先应用网络营销的企业或者销售人员会在这样的大潮中获益。用现代战争的视角来看，建立自己的“制信息权”是当代战争的根本，互联网有利于销售人员建立自己的“制信息权”。

互联网的核心优势是信息资源的免费共享。所以销售人员将更多的信息发布到网络上，对己而言是一种广告宣传，对客户而言使他们能够作出准确的判断，避免做错事情。能够对客户和潜在客户作出一定的指导，这本身就在确立自己企业的权威性和可信度。

所以对于销售人员来说，新的销售环境又提出了新的要求，我们不仅要口才好，沟通能力强，还要会写作，能在网络上广泛地宣传自己和企业。多渠道和客户沟通是信息时代的基本要求。我们销售人员做单，不能再完全靠两条腿，靠自己的嘴巴，只有适应时代的要求，才能提高销售工作的效率，使得做单变得高效，销售人员才能获取高薪酬。

5. 网络沟通技巧多，电子商务抓订单

销售人员的整个工作都是在围绕着做单拼搏。做单从技巧上说，其实也没有什么诀窍，如果销售人员职业素养能够达到要求，剩下的工作就是大量地拜访客户，将大量的潜在客户转化为现实的客户。毕竟只有在客户真正签单，填写支票的时候，才是真正体现销售工作价值的时候。

电子商务正在悄悄地改变着我们的营销环境，一线的销售人员都会感受到电子商务带给他们的影响。或者感受到的是机遇，或者感受到的是侧面的压力。网络的发展，使得一般的商务环境变得更加透明，未来的销售人员即使不进行网络营销，也必须要适应商业信息透明化的新环境。

电子商务的浪潮既然躲不过，销售人员只有勇敢地面对。

只要利用好，网络就会是我们手里的一个非常有价值的工具。

电子商务是个笼统的概念，只有我们将网络营销工作一件件落实的时候，才会带来订单。所以利用网络，就要了解网络，了解网络沟通的技巧。

网络是传播信息的平台，所以我们除了传播信息外也不要对网络有过多的奢望。所以现在销售人员能做的事情，就是大量发布高质量的信息，让所有用户在网络上能够轻易地查到自己的信息，并且能够有很多的渠道联系自己，就可以了。所谓电子商务，在当下乃至一定时期内，就是这样的。

销售人员需要做大量的客户开拓工作，而行动并不等于有结果，客户签单才成定局。销售人员的业绩也不能靠少数客户的重复订购，如果满足于此的话，也就成不了好的销售人员了。要寻找大量的新客户，首先就需要大量的高质量的信息。大客户战略我们在前文已经说了，那是一个复杂的营销策略，那样的信息提供还是要靠传统的内幕消息。但是

除此之外的一般性营销，基本都可以利用互联网收集客户信息，因为都是客户寻找过来的，说明大部分客户都是有着潜在需求的，对销售人员来说，这已经是非常有价值了。

互联网的魅力就在于此。电子商务的魅力就是通过高质量的信息发布可以让全国乃至全世界的同行业潜在客户聚集起来，当大量潜在客户聚集的时候，就会产生商业价值。其中会有一些潜在客户主动与你沟通，在产品价值符合要求的情况下，这类客户会很快进行订购。即使有些客户不会产生购买行为，销售人员也可以做到有的放矢。根据他们留下的联系方式顺藤摸瓜，最终促成签单。

我们销售人员怎么才能网罗到众多的客户呢？这是一个具体的技术问题。任何的网络营销活动都不能忘记这一点，那就是聚集客户，为他们提供权威的信息。

电子商务是有着自己的特点的，那就是服务专业化，销售行业化。网络时代不能再只销售自己企业的产品了，而应销售一切自己能够配送的东西。只要自己能够提供专业服务的东西都可以进行销售。这是管理学大师德鲁克对电子商务的深刻洞察。

销售人员必须意识到电子商务对企业架构的重大影响，那就是营销在企业中的重要性比传统商务更加核心化，企业利润将越来越体现在营销环节中而不是在制造环节中。在透明化的网络环境中，利润越来越体现在对客户的增值服务环节。销售人员在现在或者不远的将来肯定会面临这样的企业变革。对于基层销售人员来说，这些知识不那么重要，但是对于欲成为顶尖销售人员的人来说，这是非常重要的概念。打仗总要看地图，就是死也要知道是怎么死的，活要知道自己是怎么活的。

网络的技术性质往往掩盖了沟通的本质，网络就是一个发布信息的平台。销售人员必须与自己的潜在客户通过一定的平台联系起来，这样才能找到他们，做成一单又一单。目前看来最好的网络客户聚集地是行业社区，也就是行业网站，行业论坛。销售人员可以自己搭建这样的平台，也可以促成企业去建立一个这样的平台。

其实网络上的商业逻辑和网络下的是一样的，前提都是产品符合客户的需求。有一家小企业建立了一个特种印刷的行业论坛，他们坚持内容为王的原则，在论坛里有大量的中立性的技术文章和同行业的商业信息，当然自己企业的产品在信息上总处于相对优势的地位，在坚持了几个月之后，这个行业论坛成为了国内最大最权威的行业论坛，中国特种印刷行业从业人员共有十几万人，而该论坛注册会员就有八千多人，就是说，他们在行业内做到了几乎“家喻户晓”。只要行业客户上网查找信息，总会在该论坛找到答案。这个小小的网站带来了不菲的商业价值。

这家企业销售人员在网上根据客户的需求，为客户制订了高中低几种方案。如果自己企业的产品符合客户的需求，就会推荐自己企业的产品；如果客户的需求和自己的产品不符合，销售人员就会为客户提供同行业的其他设备方案，并且从中获取佣金。这家企业整合了整个行业资源为自己所用，这家企业已经从一个单纯的产品制造商变成了行业解决方案的提供者。

做行业解决方案的提供者，这是电子商务给我们销售人员提出的新要求。

可能有些企业没有认识到网络营销和电子商务的价值，作为销售人员，完全可以将企业的这一块带动起来，这对企业和个人都非常有益。销售人员可以建立自己的商业博客，也可以建立企业的商务博客，这是一个可以跟客户沟通的工具。只要自己坚持内容为王的原则，就会建立一个比较有销售力的博客。

作为个人来说，开展网络营销，可以进行大范围的信息发布，这需要销售人员对网络环境有一个比较透彻的了解，知道自己做的东西是有用的，而不是做无用功去发垃圾文件。比如利用免费或者收费的平台去做信息发布。比如我们了解的为中小企业服务的阿里巴巴，以及以网络零售为主的淘宝。我们需要了解一些网站的运作模式，比如阿里巴巴是商人对商人的信息交易网站，就是我们所说的 B2B 模式。淘宝是混合模式，主要是商家对个人和个人对个人的交易模式，也就是我们所说的B2C和C2C模式。销售人员不要管这个模式那个模式，能够销售成功，能够完成订单就是好模式。

国内大的电子商务平台对于一个新手来说，其价值不能在短时间内体现出来。随着企业发布的信息越来越多，新的企业已经很难利用这些平台高效地获得订单。所以做网络营销的时候，不要指望能很快速地获取订单，信息发布也不能局限于一两个平台。应该是在网络上所有跟自己行业相关的地方都有自己的信息才对。

当销售人员发布的信息无处不在的时候，商业价值自然就会产生了。潜在客户不管是从哪个平台入手，最终都能找到自己。

所以不管是在什么地方发布的信息，都一定要留下销售人员的多种联系方式，不管是在网站，还是在博客，或者发布在BBS上的专业文章和广告，客户都能毫无障碍地找到销售人员，能够完成网络咨询和电话咨询。销售人员也要准备好足够的资料传给潜在客户，以一步步达成交易。可以使用视频、声频、图文形式，保证客户能够有足够的信息对产品和服务作出判断。

电子商务的特点是销售过程变得技术化，销售订单做成的时候，可能销售人员和客户之间都没有见面，这在传统交易中几乎是不可想象的。因为商业欺诈不得不防，建立信任成本很高，见面交易尚且有风险，何况不见面就真金白银地进行商业交易呢。

不管是传统的订单，还是来自网络的订单，都有一个怎么交付的问题，大部分的欺诈都会发生在交付环节。电子商务围绕着交付已经形成了一整套的流程，将信息流、资金流和物流作了一个整合。这还是得益于电子商务行业领导者的不断创新，现在网络交易只要符合标准的第三方支付流程，就很难发生欺诈行为。即使发生欺诈行为，也可以最大限度地挽回损失。在网络交易中，卖家坚持标准的交付流程，说明企业对于自己销售的产品比较自信，就能得到客户的信任。

电子商务使商业全面跨越了地域的限制。电子商务的未来是销售全球化、服务本地化。即使一个企业不能做到全球化销售，那么在一定区域范围之内提供产品也是很现实的。所以销售人员在开拓好本地用户的同时，也要进行全国用户的开拓，这是互联网时代的必然要求。

在实务中销售人员怎么去处理网络订单呢？比如第三方支付中的支付宝，已经不属于某一个网站，而成为了一个搭建好的公共支付平台。销售人员要做的就是在服务全国，乃至全世界用户的时候可以使用这样一个中立的平台。不管是通过“即时通”软件寻找过来的客户，还是通过某个网站或者用其他网络通讯方式寻找过来的客户，销售人员都可以将他们引导到大型的电子商务网站上。

很多有独立网站的企业和销售人员可以完成上述操作。一般用于展示的独立网站只起到一个展厅的作用，将进入网站的用户引导到具备第三方支付功能的大型电子商务网站就可以促成签单。现在中小企业流行的说法是：独立网站，淘宝交易。

虽然电子商务开展起来并不是那么容易，但是趋势性的东西必须要提前布局。对于销售人员来说，这是对自己工作业绩的一个有益的补充。做事情必须要做好，这是一个需要长时间坚持的事情，还是重复那句话：让自己发布的信息无处不在，每个信息都能让客户找到自己。很好的内容搜索引擎也不能忽视，它能够让自己的信息具有很好的搜索排名。做到这几点，就足够了，其余的事情不是销售人员可以控制的。

6. 全方位了解客户，学会投其所好

销售人员怎么才能尽快地做成订单呢，前提是自己的产品符合客户的需求，产品的问题解决了，剩下的问题就是如何快速地和掌握决策权的客户进行很好的洽谈了。对于销售人员来说，潜在客户都是经过筛选的，所以如何接触签单的人就是个核心的问题了。

知己知彼则百战不殆，我们的客户是什么样的人，按照以往的交往经验，要获取一个人全面的信息需要与其进行长时间的接触。通过人脉

去了解客户到底是一个什么样的人，这在销售人员的工作中是日常事务。

互联网时代，获取信息不再是问题，了解一个人有了更多的方式。我们需要多角度地去了解我们的客户，客户的志趣、客户的内心以及他们的追求。这些东西对销售工作非常有帮助，能够让客户和自己待在一起感觉很舒服，只要产品没有什么问题，那么生意上也容易顺风顺水。如果能够和客户保持同样的爱好，表现出相同的价值观念，那么两个人可以在很短的时间内找到亲近感。共同语言在商业上也会产生价值。

怎么才能多方面地去了解自己的客户呢？我们首先还是使用传统的渠道，托人了解，尤其是做大客户开拓的销售人员，人脉的运用不仅现在是重要的，未来也将不可或缺，有些客户对企业非常重要，他们一旦与我们的企业建立了联系，就会长久地重复购买我们的产品，从某种意义上来说，维护好这些大客户比开拓新客户更加有现实的意义。

博客是销售人员介绍自己的比较好的平台，同样也是我们了解客户的比较好的渠道。客户的网络日记会暴露自己内心的想法。客户在网络上的阅读习惯也会透露出客户的偏好。对于活跃在网络上的人来说，留言、发表看法或者撰写网络文章都会留下痕迹，都会透露顾客的爱好。所以从这些渠道来收集他们的信息是非常有效的。

我们用在网络上收集到的信息对客户进行性格和心理分析，性格心理学是销售人员应该知道的一门学科。它是研究人类思维、行为模式的一门科学，它通过对人类思维、行为习惯进行研究、分析和总结，使人的日常表现与反应具有可判断性与预知性。通过学习性格心理学，可以帮助销售人员在接触客户的过程中区分不同性格的客户，并针对客户不同的性格使用不同的应对策略，以简化销售流程，提高销售效率。

俗话说，“江山易改，本性难移”。每个人都有自己与生俱来的特质，成长的环境、教育程度、智商、信仰、经济状况、父母的影响等，也都能塑造一个人的性格。我们了解客户的性格和知识面的偏向，就能很好地与客户沟通，中国式销售总是先交朋友后做生意，有时候销售工作真会带一点江湖气。认为你是朋友，就会跟你做生意；认为你是兄弟，就会通过合作，营造双赢的氛围。而与之相反，一旦对方感到跟销售人员相处很费劲，沟通不对路，订单就很难做成，对事不对人从来都是冠冕堂皇的话，如何打动客户是现在每个销售人员都会遇到的问题。所以，我们要了解客户，通过更多渠道去了解他们，分析他们，将他们的性格进行分类，学会投其所好。

销售的过程不光是让客户接受产品的过程，其实也是让客户接受销售人员的过程，与客户建立关系有很多方法，但都要对客户进行事先的了解。

韩先生在北京销售机床刀具，在刀具行业开拓了很多年，在行业里算是做得很好的了，但有一个客户谈了好几个月却不能谈成。这是一家军工企业，刀具使用量很大，负责采购的刘经理软硬不吃，每次拜访态度总是不冷不热的，韩先生为此感到很苦恼。

有一次韩先生偶然在百度输入了刘经理的手机号码，发现在网络上能够搜到很多关于刘经理的信息，刘经理是典型的体育爱好者，在大学时期就在万米长跑中跑出了河北省第四名的成绩，而且也是当时学校篮球队的主力队员，韩先生从网络中得到的信息还有：刘经理在企业里还组织了一支篮球队，而且会在不下雨的周六下午到中央财经大学篮球场打球，得到了这些信息，韩先生很高兴。

为了更方便和他交流，韩先生特意找了些与篮球相关的资料来看，在接下来的见面交谈中，韩先生跟他聊到了许多关于篮球的事情，刘经理很开心。经过简单的准备，韩先生在一个周末特意驱车去了他打球的地方，买了个篮球，穿着运动衣在球场上练习篮球，刘经理看到他，真是非常开心，对“巧遇”也有点惊讶，立即邀请他进球队一起打球，两场球下来，大家都大汗淋漓，大家也就成为球友了。

碰巧的是，当天晚上球队聚餐，刘经理邀请韩先生一起参加，韩先生没有推辞。吃饭的时候，韩先生提出要做候补队员，大家也都很高兴。刘经理主动提出让韩先生周一去公司谈一下。周一的时候，韩先生成功地拿到了订单，虽然数额不大，但是刘经理告诉他，慢慢来，自己会帮他想办法。

后来，不仅刘经理自己的企业用上了韩先生的产品，另外还给他介绍了三家同样规模的用户，他们成了很好的朋友。韩先生既锻炼了身体，还交到了朋友，真的做到了一举两得。

投其所好的策略是和客户亲近的最好策略，但是销售人员不要忘了一点，那就是真诚。真诚可以让我们获得更多的人脉。不能积累人脉的销售永远是在原地踏步。只有把握住人性的销售人员才能在竞争中胜出，投其所好就是把握人性的实践应用。不同的客户就要采用不同的应对技巧。

客户的性格迥异，所以销售人员要学会和不同性格的人打交道。市场上有很多荒唐的书，如果用这些东西来了解客户，那就没有什么意义了。譬如以血型来分，以星座来分等等。虽然荒唐，但是由于认识起来简单，且带着一丝神秘色彩，所以大家也就姑妄言之，姑妄听之。总而言之，从概率学的角度上来讲，也许不无道理，但是如果落实到个人，必然有诸多不同。很多人用这样的书来指导人、辨认人。如果我们销售人员真的拿它们来指导自己的工作，那真是玩笑开大了。销售人员需要的是客户的订单，其他的所有努力都得服从这个原则。

销售人员要做商业和人际信息分析的行家里手，有必要具有很高的察言观色的能力，在与客户的交往中，需要在自己的内心有一支“情绪温度计”，能够时时测知客户的情绪，能够靠感觉判断出什么时候可以成交。这里需要介绍一个分析工具。这个工具应该得到和我们销售人员的通讯工具一样的重视。

DISC 是一种“人类行为语言”，是美国心理学家威廉·莫尔顿·马斯顿博士在 20 世纪 20 年代的研究成果。马斯顿博士是研究人类行为的著名学者，DISC 研究的是可辨认的正常的人类行为。DISC 也是一种人际关系用语，它不只是性格测评工具，还是一种帮助销售人员侧面了解真相的科学方法。所以这套系统的设计目的，并不是只帮助你进行心理分析，还会帮助你正视自己的可观察行为，让你能够视需要而调整个人的行事作风，以应对与环境或他人互动之需求。

马斯顿博士的想法简单直接，直指事物本质。马斯顿博士认为人都是有习惯的，行为都是有倾向的，预测人的未来行为，何必去探查星座、血型、体液，只要观察他过往的行为就好了。以过去推测未来，由细节推知全体，一叶知秋，用它可以通过寥寥几个细节推测人的行为。销售人员利用马斯顿博士的简单工具，就可以对客户进行科学的性格、人格和动机分析。

1926 年，马斯顿在他的著作《正常人的情绪》（The Emotion of Normal People）中公布了他的发现，并在书中对其所发展的 DISC 系统作了简短的叙述，该书首次尝试将心理学从纯粹的临床应用向外延伸应用到一般人身上。人有四种基本的性格倾向，这些性格倾向以复杂的方式组合在一起，构成了每个人独特的性格。马斯顿博士发现行事风格类似的人会展现出类似的行为，这些复杂的行事风格都是可辨认、可观察的正常的人类行为，而这些行为也会表现为一个人处理事情的方式。

Dominance 支配型——The Director 老板型/指挥者

Influence 影响型——The Interact 互动型/社交者

Steadiness 稳健型——The Supporter 支持型/支持者

Compliance 服从型——The Corrector 修正型/思考者

DISC 现在已发展成为被全世界广泛采用的性格测评工具之一。谈到性格测评，DISC 这四个英文字母几乎已成为全世界共通的语言，因为 DISC 不随种族、法规、文化或经济地位而改变，它只代表着一种可观察的人类行为与情绪。马斯顿博士提出了一套性格测试方法，该方法将人的性格特质划分为四种：活泼型、指挥型、完美型、平和型。这种分类方法相对比较简单，易于分析和掌握。看看下面的描述，销售人员可以对照它分析一下自己的客户朋友，就会很容易将他们分类，然后知道怎么才能和他们交朋友，进行高效率的沟通，为自己带来更多的订单。

活泼型性格的人主要特征是外向、乐观，说话也比较多，他们似乎总是处于兴奋状态，对什么事情都感到好奇，就像一个永远长不大的天真烂漫的孩子。他们好表现，大声说话是为了能够引起别人的注意，并且喜欢插话，爱夸张，信口开河，是天生会讲故事的人，是生活舞台上的主角。

活泼型性格的人热情好客，乐于助人，所以会有很多的朋友。他们喜欢变化，富有创意，讨厌一成不变的生活，总能变着方法突破条条框框。他们又是天生的乐天派，似乎不知道忧愁是什么，当他们烦恼不顺心时，就会立即抓起电话向朋友诉说。他们总是大大咧咧，显得没有条理，对数字不敏感，办事时马虎粗心，因为他们缺乏对一件事情持久关注的耐心。

碰到这样的客户，销售人员就要学会陪他们一起进行一些突破常规的活动，只要是新奇的内容和奇特的生活方式，他们都有极强的好奇心。简单地说哪怕你不是一个这样的人，也要临时装成一个这样的人。不要跟他们谈人生规划和理想，他们对身边远一点的事情不感兴趣，他们具有享乐主义情怀，活得很真实，不用猜测他们喜欢什么，他们会不打自招，销售人员有机会一定要想办法满足他们。这样的人能与人玩到一起，不会给销售人员带来什么压力。体验最新流行的休闲方式将是同他们沟通交流的主要方式。

指挥型性格的客户一般在企业里占据中层决策者的位置，他们的主要特征是不会轻易服人。这样的客户外向、乐观，他们似乎是天生的领导者，喜欢支配别人。他们自信、坚定、有主见，目光逼人，风风火火，雷厉风行。他们对事情要求很高，目标非常清晰，关注计划任务的完成。所以他们在跟销售人员交谈中，会不断地运用威胁性的语言，比如如果耽误了自己目标的完成，会让销售人员和企业付出什么代价等等。

指挥型性格的客户富于进攻性，信奉“与天斗其乐无穷、与地斗其乐无穷、与人斗其乐无穷”，喜欢竞争和挑战。两个指挥型的人同在一个部门，意味着这个部门不会有安宁日子，他们周围都会有一帮人，竞争基本都是这类人挑起来的，他们非常善于运用权谋，也会利用人。

这种客户脾气比较大，好争论，有点固执己见，不给人面子，忽视人际关系。他们往往受到老板的重用，因为他们会像猎犬一样维护公司秩序，实现企业的目标。他们是销售人员接触最多的人，因为企业中层基本都是执行层，指挥型性格的客户具有很好的执行力，这正是企业需要的。他们的优点是直率、正直、讲义气。但总是难以放松自己，总感到时间不够用。他们对别人要求严格，对自己似乎无所谓。

指挥型性格的客户性情急躁，所以容易忽视细节。作为销售人员，在做单的时候就要为这种类型的客户多想一点，因为面临变局的时候，他们会像战场指挥员一样，告诉你为了阵地可以不计代价，告诉你完成任务是自己的责任所在。在订单签订的那一刻，销售人员就会成为他们任务系统的一部分。

作为一个销售人员为了达到成交的目的，适当地拍拍他们的马屁是有必要的，告诉他们你崇拜他们，他们是你的楷模，他们会很受用这样的话。当他们的天然攻击性没有了目标后，他们将会是一个很好的酒肉朋友，甚至会成为销售人员的哥们儿。

完美型性格的客户主要特征是挑剔，因为了解了更多的信息，所以看法悲观。他们是天生的分析家，怀疑论者，总是不由自主地挑剔。他们对人彬彬有礼，态度严肃认真，穿着很讲究搭配，显得整洁得体，有条有理。他们对数字敏感，要求精确，坚持原则，追求高标准、高质量和完美无缺。在事业上，他们总要等到条件具备的时候才会出手，但这样容易失去机会，因为任何事情只要去做，不好的东西往往也会逐步转化成好的。

完美型性格的客户怕别人不在意自己，又怕别人太在意自己，所以亲和力略显不足，与别人总保持一定的距离。他们先思考后说话，一丝不苟，见解深刻，往往是杰出的专业人士。他们可能是企业的产品经理，这样的人在细节上会很重视，验货的时候显得小心翼翼，任何瑕疵他们都会提出来。但是他们也会站在销售人员的角度给出解决的方法。

这样的人对自己要求严格，对别人也要求严格。在他们的眼里，世界的缺点很多，所以他们消极、忧愁，不苟言笑。他们中很多人都是独立知识分子。

他们不喜欢赞美别人，是因为他们认为别人还不太完美。他们总能立体地多视角地看待事物。销售人员跟他们相处，要采用“顺”的策略，不要跟他们在细节上进行争辩，先顺其势，取得他们的认同，让这类人认为你也是一位完美主义者，再在随后的沟通交流中，找到一个关键节点，比他们更追求完美，让其意识到过于追求完美也是有危害的。

平和型性格客户的主要特征是内向，是个旁观者。他们是天生的好好先生，善良，温和、亲切，追求人际关系的和谐与圆满，回避和害怕冲突，善于调解矛盾。

平和型性格的客户为了保持和谐，他们通常不作决定，不发表意见，往往随波逐流，显得没有主见，尽管自己有主见。他们经常说的一句话就是“随便”，不愿意引起别人的注意。他们总是耐心地倾听别人的谈话，委曲求全，设法满足他人的要求。他们随遇而安，心智平衡，比上不足比下有余，知足常乐。

他们喜欢和谐而舒适的生活，宁愿配合他人的安排，也不制造冲突。然而，如果被人施压，他们会变得很顽固，有时甚至会动怒。就是我们说的老实人要么不发火，要发火那就很厉害，如果别人将他们逼到了墙角，他们会将平时所有的积怨一下子爆发出来，有时候甚至不顾后果。平时的忍耐在他们心里都有一笔账。所以和他们相处，做事不可以太过分。

他们通常非常主动，兴趣很多，但是却往往将自己的优先事项拖到最后一分钟才做。他们还具有自我麻醉的倾向，让自己先去做些次要的活动，如看书、与朋友闲聊、看影碟等。他们是很好的仲裁者、磋商对象，而且能专心执行一项团体计划。

销售人员跟这样的客户打交道会很舒服，但是在企业里他们往往不会有重要的决策权，如果没有反对意见，只要销售人员进行几次拜访，他们就会因推不过而签单；但是事情往往总是好事多磨，一旦客户企业里有人提出反对意见，他们就会拿不定主意了。

销售人员分析客户的人格和性格，并不是要做算命先生，而是要使自己能够迅速地分辨人，将客户的人格类型进行分类，采取不同的沟通方案。即使同样一件产品，针对四种性格特征的人也需要采取不同的说辞，以激起客户的兴趣。

DISC 性格分析是一个很有价值的分析工具，使得我们可以轻易地就能认清客户的内心，对客户的内心进行剖析，有时候也许会比客户自己认识得更清楚。当一个人的心都被你看穿的时候，你无疑就能在沟通方面得到更多的主动权。

7. 掌握客户决策，抓住客户承诺

决策是一门技术，也是一种管理手段。

销售人员需要了解客户决策的步骤，对我们何时能够获取订单做到心中有数。做销售不是强买强卖，它必须符合客户的需求和期望，客户的问题恰恰是销售人员所擅长解决的。销售人员不属于制定战略的阶层，我们就是以解决客户问题为生的。所以每一件事落到实处都是具体和可执行的。

零售的决策过程比较简单，交易金额一般很小，商场促销人员只要在现场凭借专业的产品介绍就足够了，这需要运用一种口头表述技巧，可以通过简单的训练获得。尽管客户决策过程也符合一般决策的步骤，但是从决定购买到交易结束只是很短的一个过程，所以不需要在这里展开作更详细的讨论。

销售人员跟踪一个潜在客户往往很辛苦，有时候需要很长的时间，值得跟踪的客户，一般都是比较重要的客户。所以销售人员就要随时了解客户正处于购买决策过程中的哪个步骤，什么时候该静下来慢慢等待，什么时候该快速出手促成签单，每一步的行动都得符合客户的决策步骤，销售人员必须和客户的步调一致，过早推进则不能成功交易，因为客户还没有准备好为我们的产品埋单；当客户决策的关键时期到来的时候，销售人员一刻也不能耽搁，因为我们要是跟进和服务不到位的话，客户会主动跑到我们竞争对手那里去接洽购买。苦苦跟踪的销售机会就会被别人抢走，一旦被别人抢得先机，要夺回订单就会变得困难，企业也要付出更大的代价才能完成交易。

客户进行决策之前，他们一定会在某个环节上遇到问题，使企业的运作出现滞塞。这时候客户企业决策层就会明确决策的需求和目标。唯有找出促成决策最原始的需求，才能找到最清楚的决策方向，才可能得到最好的结果。这是客户决策的第一个步骤。

北京某电气机柜生产企业一直采用普通机床进行生产，效率一直比较低，企业加工能力有限，生产上一直处于非常紧张的状态，工人加班加点。因为工作任务繁重，所以经常出现员工流失的问题，新员工进来还要进行必要的上岗培训，不能一下子适应技术要求。制造部门经理感到非常为难。整个管理团队都为这个事情烦恼。

决策人需要购买数控机床已经快两年了，一直没有购买，股东对是否购买产生了分歧，对于三百多万的投资，有的股东认为这笔钱投入到房地产中更有价值。机械生产的收益只有15%，公司对于企业是投资房地产还是投资设备一直犹豫不决。

但是问题越来越大，急需解决。尤其在接到比较大的订单的时候，制造经理也就痛苦到了极点。经过权衡，本来准备购买日本的数控设备，但是国产设备的质量近年来大幅提高，价格只有进口设备的一半。通过数控机床生产企业销售人员朱先生的不断跟踪，并多次组织企业的决策人到北京办事处观看设备的现场演示，使他看了很多其他厂家使用设备的视频，最终使得企业决策人决定购买国产数控设备。

其间也有台湾企业的销售人员到该公司投递过样本，但是朱先生几乎隔几天就会上门拜访，将自己的设备介绍得很详细。就在这个时候，工厂又接到了300套机柜的订单，金额达到80万，朱先生立即通知湖北企业的销售总监到北京进行临门一脚的推进，在这样的推进之下，该公司决策人终于一咬牙，决定签单。朱先生跟踪该公司两年后，获得了180多万的订单合同。

数控机床终于以最快的速度进入了该公司的生产车间，该公司也实现了生产自动化、高速化，生产的效率问题得以解决。

从本案例来看，客户的问题是明摆着的，所以解决问题的目标是明确的。客户从发扬民主的角度出发，集体决策是非常重要的，但不意味着每个问题都需要通过集体决策来解决。因为决策最后总要人来拍板，决策最后都是咬牙作出的，总会有一个决断时机的问题。

决策要实现一定的目标，为了避免设定自相矛盾的目标，或者为了目标的顺利实现，及时解决遇到的一些问题是必要的。如果事先没有考虑清楚就会影响决策的顺利执行。从本案例来看，一开始，这家生产企业就遇到了生产方面的问题，解决这个问题就成了目标，但是也产生了决策矛盾，确实，在一段时期，辛辛苦苦干一年赚到的钱不如在一线城市炒几套房赚得多。新的诱惑对企业决策产生了很大的影响，影响了企业的生产进度，也影响了销售人员的签单效率。

在众多决策方案中，应先考虑哪些是正确的决策，而不是先考虑这样的决策是不是能够被接受和执行。如果决策方案很完美，但没有可执行性，或者相关人员的执行力还不够，那这样的决策也是没有什么效果的。从本案例来看，销售人员朱先生一直提供适合该生产企业的投资方案，对于小企业而言，适用就是最好的。尽管客户也有多方面的选择，但是就企业的经营状况和股东决策需要考虑的问题而言，销售人员的方案已经做得很到位了，几乎是为客户量身定做的。

决策是否正确，是否能够得到有效执行，需要根据执行情况进行跟进和追踪。如果决策者对执行过程疏于监管，没有根据条件的变化作出及时的修正，那么执行就会发生偏差，不能实现预期的目标。比如在采购原材料的时候，我们有的客户会先向销售人员下一个小单，以检验卖方的产品质量和服务能力，有些采购则是一次性完成的。这里面有很多的与客户的互动过程，明白客户真正需要的是什么，决策的修正要先于购买行为。

客户接到了大单，意味着问题又一次摆在了眼前，显然决策拍板的时机出现了。这时候朱先生动用了企业更有经验的销售领导直接推进，终于达成了交易。自动化设备提高了生产能力，客户紧张的生产问题就解决了，转移了，可能下一个问题就是业务不能饱和的问题了。

销售人员一定要注意大单决策的窗口期，主要是公司财务方面的信息。签大单总是理性的，需要好长时间才能作出决定，但前提还是现金流的问题。如果销售人员知道客户财务方面没有问题，而问题又要快速解决，那么我们所说的窗口期就出现了。窗口期的交易是变幻莫测的，在这个时候要尽量地敦促客户作决策，要防止竞争对手的骚扰，竞争对手的鼻子也是灵敏的，客户也会了解他们提供的信息，而且客户很可能会在这一刻“叛变”。所以一定要抓牢机会。

过去农村嫁闺女，毛脚女婿不怎么好，准丈母娘不是太乐意，小伙子赖在家里不走，还表现殷勤。准丈母娘最后终于架不住了，终于一跺脚，说：“算了，择个日子结婚吧。”小伙子就是等这一句话呢。客户那边既然主客观条件都已经具备了，销售人员就要抓牢机会，软磨硬泡，隔三差五地买点水果之类的东西去慰问慰问，一起搞点休闲活动，就等客户决策人一句话。互动过程中客户一放松，销售人员就要抓住客户瞬间的承诺，立即展开行动，争取在 24 小时内就将单签了，免得客户反悔，夜长必然梦多。

不管怎么说，关系营销在国内依然是占据主导地位的营销手段。前例已经说明了客户决策之中关系营销的价值，如果跟客户建立了比竞争对手更好的关系，客户在决策的时候必然会考虑到我们的利益。也不至于让销售人员在客户决策的时候感觉无助。

关系营销把营销视为企业建立市场关系的活动。认为企业与客户建立起牢固的互相依赖的关系是营销的重点，并通过关系的建立形成一个营销网络。在这个网络中，企业的营销目标不是追求每次交易的利润最大化，而是追求网络成员利益关系的最大化，最后形成网络成员互利互惠、共同发展的局面。

在这里交易已不再是营销的唯一结果，交易被认为是在建立关系基础上自然而然发生的行为。营销的方向是努力把顾客的购买行为转变为习惯性行为，建立起顾客对企业的“忠诚”。营销重心的转移是关系营销与传统营销在观念上最本质的变化。

关系营销的秘诀，就是平时“多烧香”比临时“抱佛脚”要强。

8. 善用PPT和视频，借演讲传达企业价值

我们相信语言的力量，销售本来就是靠嘴巴吃饭的行业。但是，现在的企业产品越来越复杂，专业化程度越来越深，光凭嘴巴，恐怕会让客户产生囫囵吞枣的感觉，信息传达的效果不理想，客户的理解力跟不上，所以我们销售人员也要借助多媒体的力量。

信息技术改变了销售人员和客户的沟通方式，我们可以借助更多的技术手段高效地向客户传达信息。信息传达不是我们销售人员说了多少，而是客户接受了多少，沟通过程中肯定会有信息丢失。客户理解的东西和我们说出口的东西有可能不一样。

精彩呈现和完美演示是很多销售人员的心愿。有效的PPT（幻灯片）演示不但能让客户迅速掌握信息，作出判断和决策，同样也会为销售人员的职业生涯增添光彩。然而，真正做到这些并不容易。并不是每个销售人员都能做到这些的。很少有人在准备动手演示时，会认真思考客户想要的是什么，绝大部分人在演示过程中都停留在对于幻灯片照本宣科式的讲解阶段，完全没有顾及客户的感受。

PPT演示已经成为复杂产品推广的主要展示方式，也是企业白领阶层最常使用的方案沟通工具。销售人员如果是做糖果这样的简单产品的展示可能用不上，但是现在软件和硬件结合的复杂电子产品和机械产品

的性能及使用规程很难用简单的语言就表述清楚。销售人员为医院和大型企业推荐管理软件的解决方案时，如果仅仅将客户整个管理团队集中在一起，光靠嘴皮子磨，不借助任何辅助工具要表达清楚是很难的。

其实说明白了，就是将复杂的产品系统分成一个个简单的知识点。通过简洁的文字和生动的图片，让客户容易记住和理解。PPT 的作用就是调动视觉和听觉器官，让客户理解自己传达的信息。内容要做得简单，每一张幻灯片只有一个重点；演示编排要有新意，最好能够让客户出乎意料，提出问题，揭示听众的知识漏洞，然后通过口头演讲补充漏洞。

做 PPT 一定要具体、形象，比如关于阿波罗计划，当时美国总统肯尼迪发表演说时是这样说的："在 70 年代到来之前把一个男人放到月球上，然后安全地让他回来"。尽量不要说理论上的东西，如果做了客户难以理解的东西，那愚蠢的一定不是客户，而是销售人员自己。

PPT 的内容一定要是可信的，可以引用用户的实例，将他们使用的情况写出来，本企业获得的公共媒体评价之类的东西也可以提出来。客户对同行在干什么是永远有兴趣的。与其他客户洽谈的故事也可以通过销售人员的口讲出来，一定要生动有趣。

在演示的时候一定要显示出感情和有故事性。其中，有故事性颇为重要，一个让每个客户都喜欢听的故事，是销售人员与客户心灵交流的快速通道，不要枯燥地读 PPT 上的文字，知识点只要明确就可以，讲解的时候有必要和客户互动，不断地将客户难以理解的东西当场解释清楚。

追求简单是一种智慧，来自于对清晰的渴望。不要将你的 PPT 搞得太专业、太复杂。之所以用这样的辅助演示工具，只是为了进行高效的沟通。PPT 演示和销售人员的演讲结合到一起，就可以得到最好的效果。

视频传达也是一种高效的模式，从信息量来说，视频所包含的信息量要远远大于平面印刷品。现在一般企业的商务传达主要还是使用印刷品，其实网络视频传达是非常好的工具。勿庸置疑的是，在将来，任何网站都会有视频传播。

视频广告营销是一种重要的网络视频营销模式。借助互联网进行视频广告传播，这方面的成功案例比比皆是。如何找到适合品牌诉求的内容是企业和营销人需要重点思考的问题。我们需要做的以及能够做到的是在做视频创意时尽量使广告更加软性化，更好地吸引消费者和客户的眼球。对于复杂产品比如大型厨具，企业可以做一些操作类的视频，在用该产品做饭做菜的过程中，进行很详细的讲解，视频不需要做得和专业电视作品一样，只要能将产品性能和正常的操作方式上传上去，行业用户就会看得到。

这些短片一定要做得有质量，销售人员在客户拜访的时候可以播放，这对表达清楚产品的性能，给客户留下深刻印象是非常重要的。

销售人员手里可以有一堆的工具，使用这些工具可以帮助我们更好地开拓客户。销售人员必须有很强的目标意识，我们的目的就是要获得订单，因而我们需要不断地拜访客户，不断地积累人脉，从而不断取得好的销售业绩。

第五章 进攻每一单——面谈和互动的技巧

1. 面谈是最好的销售方式

面对面的交流所附带的价值，是不管什么工具都不能取代的。

销售面谈的重点在于通过倾听积极地与客户建立关系。销售的面谈技巧分为两种类型，其一为引导性的销售面谈，其二为指导性的销售面谈。在项目销售的过程中，当然我们一般指的是大项目的销售，知道如何与客户进行有效的面谈是对我们销售人员最为基本的要求。但是作为新人大部分的销售人员是不知如何进行有效的销售面谈的。所以他们更有必要知道面谈的技巧。

拜访客户与他们面对面地互动，是销售人员建立人脉的最基本的步骤。面谈之中不仅能很好地传达项目或者产品的详细信息，也能建立私人之间的情谊。销售人员和客户面谈的时候，对方的气质、表情以及其他的身体语言是通过电话沟通和网络沟通所不能够发现的，虽然我们不相信面相之类的迷信之说，但是一个人的真诚大部分是写在脸上和表现在语言之中的。中国有一句古话，叫做“相由心生”。美国前总统林肯曾经说过：“一个成年人应该为自己的相貌负责。”就是说，人的相貌除了先天的遗传，更重要的是后天的修行。表情是心的折射，经常性的表情会影响一个人的容颜。销售人员可以迅速判断一个人是否可以深交。

因为，从一个人的面相上，确实是能够看到一个人的内心世界的。

就是说，一个人的际遇如何，最后总能反映到他的脸上。如果不信，可以观察一下你的周围，你看那些脸色灰暗、年纪轻轻就满脸皱纹的人，心灵上一定是被生活挤压得创伤累累；一脸无所谓、眼神迷离的人，自然是心浮气躁，事业上也非一帆风顺；态度平和、皮肤明亮的人，则是把握住了人生的方向，他们的自信已经明显地表露在了脸上。

有句话说，性格决定命运。其实从某种意义上讲，一个人的相貌也能影响命运。因此，每个销售人员在拜访客户的时候，都应该在现有条件下，让自己的形象更加整洁、端庄。当然，并不是要我们都去化妆乃至整容。外貌并非只是表象，还是一种气质，由内而外散发出来的气质。由内而外的自信，会让客户感觉到可以信赖。

对人的外貌着墨这么多，其实说的是阅人的技巧，只有面谈才能真正地了解客户，通过互动才能建立关系，销售首先就是将自己推销出去，面谈不仅是了解客户的过程，同样也是客户判断销售人员的过程。

对于大部分的销售新手来说，专家建议的方式是采用引导性的销售面谈技术，而不是指导性的销售面谈技术。即使对于大部分有经验的销售人员来说，专家也建议在销售的初期采用引导性的销售面谈技术。因为在前期我们还没有了解客户的需求就直接为客户提供解决方案是极其危险与致命的。你可能直接就把客户吓跑了。而引导性的销售面谈就是帮助你去了解客户并解决问题。做任何事情都需要循序渐进，一开始就狮子大开口，客户可能会感觉不舒服的。

总结一下，就是问对问题赚对钱。

不管事先的电话沟通或者网络沟通做得多好，对于项目型的销售工作，都必须有面对客户的环节。两个竞争对手争取同一个订单，如果在服务质量上相差无几的话，还是交流得勤的人容易胜出。其实我们极力鼓吹的电子商务，现在也才占到整个商品零售总额的百分之二，绝大部分商务还是需要销售人员的双腿去完成，所以目前 SOHO 商务让大家变“宅”还是一个梦想。

销售人员一定要认识到，自己只有置身在一个圈子里，才会有归属感。也只有不断地和客户建立联系，并且积累人脉，才能获得事业的进步。这些是需要销售人员跑出来的，所有能够收集到的信息都是间接的，它们不能代替直接拜访，客户说出自己的问题，销售人员思考怎么样解决问题，也只有面谈的时候才能真正地了解。

销售人员一定要学会倾听，这是引导性面谈的核心，就是通过倾听来结构化你要了解的信息。其次你一定要表明你与对方面谈的目的，这非常重要，因为这是引导的开始，其实每一个客户、每一个朋友都是这么得来的。

2. 出色的产品表达，专业的行业素养

面谈时一定要树立自己的专业形象。

在每次面谈之前，销售人员都要考虑与处理非常多的实际问题，要让你的面谈看起来专业，是经过专心准备的；虽然销售人员自身的能力和产品因素是影响面谈效果的主要因素，但是其他细节也会决定面谈的成功与否。所以销售人员一定要对这些因素引起足够的重视。

作为专业产品的销售，我们前期销售面谈的重点在于引导性的面谈。通过引导性的面谈为未来的销售推进打下良好的基础。

对于我们进行的面谈，最为重要的一点不是马上就让你的客户与你签单，而是通过引导性的面谈清晰地了解你的客户提出的问题，客户对你的期望，以及现在如何通过双方的努力解决这些问题，以达成客户的预期愿望。

销售人员问了一些问题，客户回应了我们的问题，这时候也才能知道客户的真正需求，起先我们的思维是跟着客户走的，追求与客户的相似性。成功的面谈由两个要素组成，一个是运用语言，一个是运用非语言，当面谈时出现语言与非语言的矛盾时，你的客户一般信任你的非语言表达出的东西，而不是你语言表达出的内容。所以你一定要在面谈开始时迅速地观察并判断你的面谈对象的文化水平及个人行为方式，以便

于你能很好地开展你的面谈。

销售人员要表现出对客户本人和谈话的兴趣，对于客户话题感兴趣的最好的信号是你的声音与表情。所以我们要通过训练来使得我们的客户感觉到我们对他的关注。这方面需要一点儿艺术，表演艺术。

销售人员已经从产品服务的推介者，逐渐变成像咨询顾问一样，成为协助客户解决问题和创造利润的合作伙伴。在大客户销售的过程中，销售人员必须懂得如何很好地应用面谈技巧，在洽谈中充分了解客户的需求，有策略地刺激客户的购买欲，然后耐心地摸清楚客户的购买力和决策过程，最后通过基础销售技巧，以及对整个销售流程的操控去取得订单。

如何把握客户的心理和使用恰当的提问技巧去挖掘需求是学习的重点。

销售人员必须与客户建立好互信的基础，令客户衷心相信你有能力解决或减轻他的痛苦，才可以谈到他的预算能力。直截了当地提问要冒一定的风险，最好是以旁敲侧击的手段去套出真相，不过分寸要拿捏得恰到好处。成功销售的关键在于你是否了解客户面对的困难和烦恼，只要学会主动倾听，小心挖掘他的问题，引导他从你的产品服务上寻找解决方案，这样，你根本不必推销什么，已经可以轻松地做成生意了。

销售人员在前期的表达中要坚持自己的专业形象，但光靠形象是不行的。作为顶级销售人员，一定是本行业的行家。谈吐之中必须能切中要害，话也不必多说，我们销售人员的见解来自本行业趋势性的东西，有时候确实比客户了解得要多。毕竟销售人员服务同一行业多家用户，可以精炼出行业精英的观点，将行业内行之有效的方案提供给自己的客户。

其实我们有些客户并不一定多么了解自己，比如有些企业主整天忙于谈生意和赶活，很少有机会想一想怎么解决问题。销售人员将自己的产品和方案推介到他们面前的时候，客户才会知道自己需要什么，客户在回答我们问题时，也是一个梳理自己思路的过程，销售的魅力就在于这样的互动之中。

客户在理清自己的思路后，会给销售人员表达的机会。每一位客户在作出最后的购买决定之前，都会有一个重要的问题，那就是：它对我有什么好处？客户不是因为你的产品好才买，最根本的是因为它对自己有好处才购买。只有客户对你的产品真正产生了强烈的兴趣，他才会了解下去，而不仅仅关注价格，如果客户不断地对你提价格的问题，只能表示销售人员没有用产品的价值吸引住他。

销售人员向客户介绍产品时，一定要让客户不但听到，而且还能看到，甚至还能试验到产品，这样才能加深客户对产品的印象，增加客户对产品的兴趣和信心。在向客户示范产品的过程中，销售人员要边做示范边问客户的感觉，根据客户的要求，展示出产品的特点，让客户感觉到产品实实在在的品质，从而更容易接受产品。

在拜访客户时，小的商品可以随身携带，而大型的商品或抽象的商品是无法携带的，这就需要业务员携带产品说明书、模型、道具等，将产品为客户所能带来的利益具体化、形象化、戏剧化，销售人员需要把产品给客户带来的利益说得清楚。

这其实不是什么新概念，将产品表达得有声有色，这属于体验式营销的范畴，营造一个场景，将客户置于场景之中，让客户鲜明地体验到产品给他们带来了好处，解决了生产或者生活上的问题。

销售人员做大客户和项目销售的重点是解决问题，销售人员帮客户解决问题的能力越强，业绩也就会提升得越快。

3. 桌面上的产品和桌面下的利益

我们都知道，这个社会事实上有两套规则：规则和潜规则。有两种语言：能说的和不能说的。

销售人员是需要懂社会的。

野蛮社会中人类以命相搏换来点滴的生存资源，进入文明社会以后，竞争不再仅仅为生存，而是为了个人发展而竞争，商业竞争的本质是残酷的，以结果论英雄。美国诺贝尔经济学奖第一人萨缪尔森说，市场经济不是一个赢利的经济，它是一个有赢有输的经济，市场经济自由竞争条件下财富分布的不公平加重了收入分配的不公平。

销售人员看到这些灰色的理论也许觉得没有用，其实，从我们第一天做销售开始，我们就已经投入到不流血但也会付出代价的商战中，失败者的财富会被剥脱。销售人员其实都是市场经济下的过河小卒，退无可退，唯有向前。

生意的本质就是互惠，得到与付出是相随而生的，所有的销售高手都明白这个道理。所以商业贿赂还存在着。

万科集团董事长王石说自己不行贿，但多数人都不相信他不行贿。北大光华学院请他去做讲座，主持人现场进行民意调查，请台下的学员举手，看看有多少人相信他“不行贿”，结果只有30%的人举手。王石后来一直就这问题坚持去开讲座，学员不断在变，调查一直进行，但每次都没多少人相信他从不行贿。

行贿是违法的事情，不行贿仅仅是不做违法的事情，最低的法律标准为什么会成为最高的道德准则？为什么遵守法律底线的“不行贿”会成为大新闻？这里隐含着另一层意思，就是行贿已成默认的潜规则。正因为如此，王石才会成为道德标杆，“不行贿”也才成为新闻。

商业上的利益输送，我们销售人员可以不去做，但是我们需要弄懂。怀揣着纯真的市场理想的销售人员会撞到南墙，借用一位老销售人员的话：三百六十行，行行潜规则。

国内一般中小民营企业没有什么自主创新和不可替代的产品，大部分企业都处于产业链的下游，同质竞争你死我活。有个文化学者曾戏谑地说，这种活法真的很“下作”。随着互联网商业应用越来越广泛，这种竞争还会加剧。电子商务的鼓吹者说了很多的东西，说他们可以改变经济形态。事实上，电子商务并不必然会带来产业升级和自主创新。说这些有什么用呢？就是要我们销售人员看到当下市场竞争的现实。

销售人员做市场，先交朋友后做生意已经是共识，仅在本书中就已经几次提及。我们做项目销售更是如此，在客户企业中没有内线的支持往往连门儿都没有。因为企业采购部门几乎每天都会收到行业供应商的信息，凭什么就你能供货而别人不能呢？短时期内可能是有人卖了一个人情，但是要保持长期的业务往来，我们往往就会猜测桌底下是不是有个人利益，有利益输送。

这是一个现实版的无间道。

客户方面的决策人如何才会和销售人员一条心，并且心甘情愿地支持你呢？这里面有两个因素可以考虑，一个是销售人员个人的人格魅力，足以和他成为真诚的朋友，这种情况有，但很少。朋友不是一朝一夕就能做成的，而且项目合作中的彼此，更多的是利益关系，还是应了那句话：没有永远的朋友，只有永远的利益。

再一个因素是，销售人员和客户合作，双方利益关系的一致性很重要，当然这种利益既包括桌面上的利益，也包括桌面下的利益，也就是个人利益。很多时候，第二种因素充分利用好，保证双方各种利益的一致性，彼此就有可能成为一家。

台湾作家刘墉有一本书《我不是教你诈》，说了很多常识性的生活规则，同样本书也不是教你诈，而是能够全面立体地看待问题。对一个人一件事，光知道好的一面不知道坏的一面，那是愚民；知道人或者事情好的一面，也知道坏的一面，并且选择好的一面，那才是一个好人。王石知道行贿的套路，但是他不行贿，这就算是一个智者吧，一个人的操守是无价的。

不行贿不代表不懂得为人处世，这涉及对王石创业初期，送给火车货运站主任的那两条香烟行为的定性问题，简单的礼尚往来和贿赂不是一回事，但是从辩证法来看，两者之间不存在一条鸿沟。

商场之上的刀光剑影是无形的，销售人员和客户交上了朋友，也就是发展了内线。即使我们有了内线也并非万事大吉，还要对自己的内线进行评估，要知道，你在发展内线，你的竞争对手也在做着一样的事情，弄不好，你自认为的内线，其实早已经是对手的内线，你以为忠诚的内线，却是竞争对手的人，恰恰是中了对手的计，销售人员的策略和销售的进展都会被竞争对手掌握。

其实，销售人员通过多次拜访客户，混了个熟脸以后，就可以在企业以外的场合私下跟客户面谈，让他们在企业内和自己形成利益同盟的关系，这个过程其实也是客户考验销售人员的时候，相互作出综合评价之后才能形成信任关系。所以在这方面的真诚和信用对销售人员来说是不可或缺的。商场之上有时候称兄道弟只是一个表面，利字永远是摆在中间的。销售人员确定客户内线需要有一个考查的过程。

内线是否主动提供项目信息；企业项目有进展或有新的调整的时候，是否第一时间告诉你；能否及时提供竞争对手的信息；能否主动把你引荐给高层领导或者决策人：看这几条就够了。

我们看到很多的顶尖销售人员在行业内做了多年销售以后，即使在家睡觉也能获得订单，那不是因为这些销售人员是超人，而是在众多的企业中已经有了我们所说的内线。自己可以稳坐中军帐，其实这都是他们前期努力积累的人脉资源在起作用。但是，顶尖的销售人员不会睡觉，因为维护老客户其实也是一个费时费力的活。

这些跟销售人员面谈的技巧看似无关，实质是关系极大的。没有人会在网络上和电话中讲私密的事情，最有价值的销售往往就藏匿在一对一的面谈之中。汉语的表达很精妙，桌面上的利益叫面谈，桌面下的利益叫密谈。销售人员不需要去做违法之事，但是什么都不懂就是一种罪过。

我们盼望法治的市场环境，但社会转型期是一个很长的过程，未来很美好，但是我们必须面对当下市场的现实。

4. 锁定大客户，舍得下血本

销售人员需要有点野心，有野心的销售人员才能专注于大客户，因为那样才会有不鸣则已一鸣惊人的境界。

销售人员熟悉4P和4C销售理论，但是如果你没有听说过SPIN，那你就有点落伍了。也许你说没有必要知道这些，靠直觉就可以做好大客户的营销工作，其实没有那么简单。

SPIN销售法是尼尔·雷克汉姆（Neil Rackham）先生创立的。尼尔·雷克汉姆的SPIN销售法是在IBM和Xerox等公司的赞助下通过对众多高新技术营销高手的跟踪调查提炼完成的。

SPIN销售法其实就是情景性题题（Situation question）、难点性问题（Problem question）、暗示性问题（Implication question）、解决性问题（Need – Pay off question）组成的，因此SPIN销售法就是指在营销过程中职业地运用实情探询、问题诊断、启发引导和需求认同四大类提问技巧来发掘、明确和引导出客户的需求与期望，从而不断地推进营销，为营销成功创造基础的方法。

在国外，这一套东西其实不是什么理论，而是一套搞定大客户的行动纲领，是一套和客户互动的技巧，它也是很多外企和国企销售高手的红宝书。大公司的营销行为是一台隆隆向前的战车，而该理论则是该战车的软件控制程序。大客户包含着最大化的价值，根据二八定律，二成的大客户所带来的销售额可以占到总销售额的八成。所以专注于大客户，是顶尖销售人员的价值所在。SPIN销售法从谈话提问技巧和谈话条理性角度提供了一种全新的营销理念和方法，并为不少欧美高新技术公司所倚重，财富一百强中的半数以上的公司都利用它来训练营销人员。

营销活动一般要经历4个周期阶段：1. 开场启动阶段；2. 调研交流阶段；3. 能力展示阶段；4. 买卖承诺阶段。只有上一个阶段完成了才能进入到下一个阶段，但是第二阶段即调研交流阶段是最关键的，在这一阶段的表现将在很大程度上决定营销成功与否，很多营销之所以失败就是因为营销人员将重点放在了其他阶段而在第二阶段浅尝辄止。SPIN销售法提供了一种巧干的高效而系统的方法。

SPIN销售法教人如何找到客户现有背景的事实，引发客户说出隐藏的需求，放大客户需求的迫切程度，同时揭示自己产品的价值或意义。使用SPIN策略，销售人员还能够全程掌控长时间销售过程中客户细微的心理变化。

开启交易的最有效方法是找到能与买方个人利益发生关系的途径，并使他知道从这笔交易中他可以获利不少。对小订单很有效，但对大订单销售是否有效还不能确定。传统的提问技巧在小订单的销售中会起作用，但在大订单销售中却可能收效甚微，这也是很多做小订单的销售人员在遇到大客户时的困惑，为何以前行之有效的方式对大客户不管用了？

我们很多的销售经验都提示利益宣讲，介绍产品有什么特点或能为顾客提供什么价值。这种方法在小订单的销售中会大获全胜，但在大订单销售中会惨遭失败。

在小订单的销售中，针对客户的异议处理，销售人员要先弄清异议产生的原因，然后用一种可以想到的方法把原来的说法变更一下。处理客户的不满全靠销售人员一张嘴。但这种方法在大订单销售中却收效甚微。优秀的销售人员关注的是防患于未然，而不是亡羊补牢。在大单销售过程中，销售人员还需要全程掌控客户长时间细微的心理变化。

很多销售人员以前学过的传统销售模式、方法和技巧最好是用在小订单销售中。通常一个电话就可以敲定或者交易金额很少的销售就是小生意和小订单。美国著名的营销学家斯特朗于1920年进行了一项小额销售的先驱性研究，在其中引入了许多新的销售观念，如产品特征和利益、成交技巧、异议处理方法、开放式和封闭式的问题等。直到今天，这些相同的概念还在被复制、应用、重新包装和易名。如“一次成交技巧”等，而这一切都是在假设它们应该适用于任何规模的生意的基础上。关于小单的销售技巧，本书将在后文中详细地进行单章阐述。

大客户营销有相应的销售技巧，传统的销售战略已不能在飞速发展并且日趋复杂的大客户营销的开拓中起作用。SPIN 以全新的角度去阐述完成大规模订单的技巧，这也是你要销售成功所必需的技能。当然，在小订单销售中，传统的技巧还是有它的作用的。但大订单销售却需要一系列推陈出新、与众不同的技巧，这正是 SPIN 销售法的价值所在。

在实际工作中，任何一个大客户在购买产品时，都会有五种人参与决策，即决策人、相关的财务人员、支持人员、技术人员和实际使用产品的人员，这五种人都对采购决策产生非常重要的影响。决策人就是在一个单位中对各项采购作出决定的那些人。应明白真正拍板的决策人需要的是安全、可靠，至于质量等基本的产品因素如果不达到标准，他们会在第一时间否决。决策人通常是高职位者，这类人一般都不轻易在各种表格上签字，因为每签一个字就意味着承担了更多的责任。此外，决策人通常还非常关心投入产出比。

销售人员在接触决策人的时候，一定要表现得非常专业，让他们觉得产品是可信的。只有满足了决策人对可靠性的需求，他们才会决定购买，也才会在订单上签字。因此，销售人员应该给决策人提供大量看得到、摸得着的数据，或者是提供具体的现场体验，让他们产生安全感，这就是针对决策人的销售方法。

参与决策的人中肯定有财务人员，财务人员的需求非常简单，只要采购在预算之内，并且符合公司的各种财务流程，财务人员就会支持。在拜访财务人员的时候，首先不要介绍产品，而要先了解你所销售的这类产品是否在客户预算之内，以及客户的财务流程是什么样的。如果客户没有相应的预算，或者采购不符合客户的财务流程，那么销售人员就要找出足够多的理由，让财务人员觉得可以为这个采购而改变财务流程或预算。

在大单的项目中，会有相关的辅助人员，他们正面效应有限，但是一旦发生负面效应，影响却很大，所以我们需要表现出尊重，有必要施一些小恩小惠。大客户销售人员的公文包里总会有各种小礼品。一些小礼品有时可以发挥非常大的作用。很多时候，销售人员把小礼品送给决策人之后，发现决策人很快就把小礼品转送给了同事，这说明决策人对这样的小礼品没有兴趣。把小礼品送给诸如助理或秘书这样的支持人员，往往能发挥很好的作用。

大单之中涉及到很多的专业技术，所以要给客户技术部门提供详细的技术资料，技术部门也会派出技术人员，对我们销售的产品进行测试，所以要保证产品使用方便。在与技术人员的沟通过程中，不需要说太多，重要的是给他们大量相关的技术资料，让他们从中发现支持购买行为的理由。

很显然，SPIN 的销售概念已经不是个人对个人了，它已经是团队对团队的整体推进。当然，在大客户营销中，双方都有一个能够决策的人士。刚入行的销售人员往往看不到系统的合力，而往往认为是顶尖销售人员一己之力。

SPIN 销售法最主要的内涵在于满足客户的需求，也就是说销售人员应充分练习发问的技巧，利用情况性问题来建立客户的背景资料库，并以难题性问题来探索客户的隐藏性需求，接着用隐喻性问题使客户了解隐藏性需求的重要与急迫性，进而提出需求和代价的问题让客户产生明确的需求，最后提出解决方案，让客户感受到产品或服务的价值以及购买利益并加以支持，最终达到成交的目的。

对于这个销售模式，我们不需要介绍太多，只要知道，要想做大单，就需要大的平台，需要完善的销售团队进行协作。然而，并不是所有销售情况都会遵照 SPIN 推销模式的发问顺序，例如：当客户立即表达明确的需求时，销售人员可以立即问需求和代价的问题；有时候从业人员在询问隐喻性问题以探索隐藏性需求的同时，需辅以情况性问题来获取客户更多的背景资料。但是大致而言，多数的拜访销售会遵循 SPIN 销售法的发展。

跟踪大客户是销售人员进行大单销售的必备手段之一，对待大客户的决策人和团队，我们有时候是需要下血本的。开拓一个大单，竞争对手也会知道价值所在，所以这会是一场专业加人脉的较量。任何理论都是灰色的，必须立足于事实作决策，也许理论加上中国特色就可以畅行无阻了。

如何防止我们接洽中的大客户远离呢？这当然有可控因素和不可控因素，包括大客户业务发生收缩或者扩张、大客户突然遭遇重大意外事故倒闭等等。而业务扩张主要是由于大客户直接进入企业所在的上游领域，成为企业的竞争对手，而与企业终止业务往来，这些都是不可控的因素。可控的因素包括竞争对手的进攻、企业提供的产品或服务不能满足大客户的需求、大客户的投诉和问题得不到解决等等。

销售人员要想维系住大客户，就必须从大客户利益的角度出发，充分运用战略和策略等各种手段来解决问题。必须保证产品和服务质量，保证物流顺畅，保证客户价值最大化。

销售人员和大客户的沟通是不能松懈的，时时需要主动征询意见，建立私人间的情谊，与关键决策人之间的信任关系是非常重要的，其实建立私人利益关系的活动是在合作成熟之后才能实施的，在这之前，即使销售人员有意，客户方肯定也会托词谢绝的。所以大单都有原则，先将事情做好，然后再谈其他的东西。正如一位企业家笑言："我和我太太感情好，但是我理发还是要找专业的理发师，不能找我太太。"

很多企业舍得下血本，建立专门的大客户管理部门和与客户沟通的制度。企业大客户经理和服务代表要经常性地主动上门征求大客户的意见，与大客户进行深度的沟通，及时发现大客户的问题和潜在需求，并及时给予解决和满足。同时，企业还要加强与大客户之间的情感沟通，在实际操作中，企业可以定期组织与大客户各个部门、各个层级之间的聚会，努力与大客户建立相互信任的伙伴关系。这一块企业需要舍得花钱。

对于大客户的开拓和维护，企业需要财务方面的特别支持。企业最好要形成制度化的文件，保证执行到位。大客户营销其实强化了系统的力量，强调了系统的合力。善于利用系统力量的销售人员，最终会变成将帅之才；靠自己一己之力做单的销售人员，业绩也许也会很棒，那是侠客之道。

开展大客户战略是需要平台的，这是本书一直强调的东西。销售人员一定要下血本为自己寻找一个大的销售平台。乔·吉拉德在密歇根的一家雪佛兰汽车代理公司做推销员时，15 年中总共卖出了 13000 辆汽车。大家不要忘记了一个事实，雪佛兰是世界五百强企业。推销员乔·吉拉德之所以如此出名，成为世界上最受欢迎的演说家之一，是因为上世纪 60 年代那是美国汽车的黄金时代，是天时地利人和造就了这个杰出的销售人才。

如果乔·吉拉德推销出去的是 13000 个刷子或者马桶，而不是汽车那样的高价值商品，那他就不能这么有影响力了。所以销售人员要做大客户，也只有这样才能快速地改变命运。

如果不能找到好平台又怎么样呢？继续争取。要像寻找客户一样寻找好的平台，在多年以后，你会发现这是明智和有价值的选择。

5. 争取关键人物的支持，扭转不利战局

如果 SPIN 销售法能够指导国际企业销售人员进行大单销售的话，那么找关键人物，也就是找靠山，便是中国人的 SPIN 销售法。

国内企业的治理结构，决定了其光鲜的外表之下，还具有浓厚的人治色彩。人治是什么意思呢？一位大型民企白领五个字就总结清楚了："副总算个屁"。

与你有过硬的人际关系的人，在关键时刻，能够为你说关键的话。关键时刻就是机遇，而关键的人能否为你说关键的话却取决于两个方面，一方面是你的销售人员的平台大小，另一方面是你的工作实际成绩，让关键人物心甘情愿地为你说关键的话。关键人物提携你，其实是

需要一个理由的。

销售人员在攀向职业高峰的过程中，有关键人物相助往往是不可缺少的关键环节。有了关键人物，不仅能缩短成功的时间，还能加大你成功的筹码。

销售人员的职业生涯当然需要关键人物的支持，因为如果坚持大客户战略的话，那么我们就要问最大的购买力来自何方，无疑是一般国企、政府采购以及与之相关的公共工程，也许还要算上事业单位。其实我们销售人员从个体来说，并不需要维持更多的大客户，按照人际传播的规律，一个人能够同时维持的人脉关系是有限的。所以现实情况是，一些销售人员只维护几个重要的大客户。

销售人员不要抱怨社会，因为从来就不存在完美的社会，一流的销售人员总是利用社会的缺陷为自己所用。正是社会的缝隙才让他们如鱼得水，许多人正是凭借这种本领起家的。

但是想要得到关键人物的提携，必须将事情办得漂亮。所有的事情都能够为关键人物脸上增光，而不是让人觉得你是烂泥扶不上墙。一个人的力量是有限的，销售人员最好要站在巨人的肩膀上，用强大的企业服务能力去服务客户。

真正的销售是努力将一个企业的全部需要销售的资源动员起来卖给其他的企业，销售人员只是搭桥的人，什么生意需要什么人出面支持，销售人员是心里有数的。一个灯具制造商不需要什么关键人物的支持，只要能做出合格的产品，设计出色，到哪里都能卖，销售人员只需要懂得销售技巧，就可以做起来了。但是如果一个企业要承接路灯工程，就需要有关键人物支持了。

我们销售人员要获取关键人物的支持，就需要动员全部的人脉。大客户的销售往往金额大、决策者众多，销售过程十分复杂，因此，倘若不能找到一个熟知客户企业内部情况的内线替自己引路，那么销售就会很难开展。高技术含量的产品更多考虑的是业务需求，技术含量低的产品更多要考虑客户的个人需求，级别高的领导更多考虑的是业务需求，级别低的人更多考虑的是个人需求。

对于级别低的人，要着重强调他的个人需求，兼顾业务需求；级别高的领导则更多关注业务需求，兼顾个人需求。因为关注点不同，所以沟通的着重点要有所不同。

对于前期工作，自己能做到的，竞争对手也能做到，而且可能超越自己，在关键点上适宜地让关键人物支持一下，也许我们疲于奔命的事情，他一个招呼就决定了，这也算是人治的好处。

竞争对手总会在关键的时候出现，而且我们销售人员也许不知道他们手里有什么武器。要成功地与一个企业合作，需要进行事先的策划，销售人员需要关键人物的支持才能顺利完成这种合作。没有支持，是很难完成的。

如果企业没有能力，却想去承揽超越自己能力的业务，用关键人物的上方宝剑开拓业务，其实对企业稳定发展是不利的，不见得能经得起长期的考验；如果企业具备能力，销售人员懂得规则，则获得关键人物的支持是有益的，关键人物可能只要轻轻点拨一下，业务的天平就会朝自己倾斜，这可以创造一个多赢的格局。

找到有上方宝剑的人，将所有的利益相关方拉进来创建一个多赢的格局，这需要点智慧。

6. 创造多赢格局，平衡各方利益

商业专家说，现在是一个多赢的社会，意思是商业成功不伤害任何一方，这很像商业的统一战线策略。有人将它称为帝王策略。

统一战线策略用在商业上其实也是非常有价值的，它的定义是将有利害关系的人都拉到自己的一边，像分析政治一样分析面临的形势。在做单的过程中，要知道谁是我们的敌人，谁是我们的朋友，看看对手的阵营里都有谁，看看能不能将他们拉过来，运用什么样的方法让他们支持自己。做大事的人都会使用这样的策略，因为商业博弈无非是实力对决。

销售做久了以后，销售人员就会发现，销售高手大多是建立和利用统一战线的行家。怎么来简单形象地理解统一战线呢？一句话，就是要想方设法把自己人弄得多多的，把敌人弄得少少的。这个道理的确很简单，但要在实践中运用就需要销售人员的功力了。

销售人员能够在做单之中将关系人拉进来分得一杯羹，将本来很难争取到的订单稳稳地拿到，这里面可谓策略用尽。在他们眼里，商业上不存在什么敌人，商业上只有朋友，今天的敌人就是明天的盟友。在真正的商人眼里，他们只要结果，至于使用什么样的手段，这并不重要，也不需要用道德的准绳去衡量。

其实，如同战场上一样，商场上的敌我也是可以转化的，不仅要争取化敌为友，更要从一开始就尽可能少地设定敌人。虽然绝大多数销售人员都知道尽量不要得罪客户中的任何人，避免树敌，但同时又常常轻易把某人判定为已被竞争对手“搞定”的人，认定是自己的敌人。常识告诉我们，永远不要把客户中的任何人设定为敌人，不要对客户中的某个人有一丝一毫的敌意和憎恶。客户里的任何一个人都只是客户，而不是敌人，即使有的是竞争对手的顽固支持者，是你的强烈反对者，也不要把矛盾挑明，强行对对方进行打压，更不能“撕破脸”，要给这些人将来可能的转化留有余地。

统一战线，就是要只设定一个目标，为了这个目标一切力量都是可以争取联合的。一个客户的项目可能有多个对手参与竞争，尽快审时度势确定谁对自己最有威胁，设定这个“敌人”后，其他的竞争对手都可以首先加以联合，就像三国时诸葛亮提出的“联吴抗曹”一样，在最有威胁的对手被扼制之后，再调整自己的统一战线以应对新的主要竞争者。与自己的竞争者都可以联合，对客户中的人更应该尽可能地争取，即使某人不会成为自己的支持者，也不要把他变为反对者。

为了完成目标，无论是竞争对手内部的人还是客户内部的人，都要尽力去争取，以达到自己的目的。事实上在现在的大客户运作过程中，这种事情已经多如牛毛了。

最终的问题是，我们的销售人员是成为别人统一战线的一部分还是整合别人成为自己统一战线的一部分，这很重要。

这关乎商业道德，但是结果有时候与道德无关，最多只会在内心对某些人进行一下小小的批判。

销售人员“炒单”是一个很普遍的事情。从经济利益上讲，炒单的个人获益比把生意交给本公司做高，这是销售人员炒单的最直接动力。从企业管理层面上讲，企业的客户管理上有漏洞可寻，销售人员掌控销售的全过程，控制着客户，进而有机会炒单；从风险上讲，炒单的成本低、风险小，即便被发现，也不过是打包走人，赔偿巨额违约金的极其少见，另外销售人员炒单大多做得比较高明，很难被企业发现。

这样的销售人员无疑是被自己企业的竞争对手收买了，为了自己的利益最大化，进入了别人设定的局。在业务管理不善的企业中，关于客户是属于公司还是属于销售人员个人的这个问题，可能很多人都会说客户当然是属于公司的，其实不然，很多时候，是销售人员直接和客户接洽，客户实际上是属于销售人员的。特别是销售人员和客户负责人的关系很“铁”，而且又是该销售人员一人独自负责客户时，对于该客户的信息，公司除了该业务人员外，无其他渠道获悉。

做销售的都清楚一点，客户只有先相信销售人员个人，进而才能相信销售人员销售的产品。不管怎么说，顺着竞争对手的渠道将自己的产品带进去，并且最终挤掉对手，这样的策略，并不是很光彩。如果说这也算是创造了一种多赢的格局，那这个格局就做得太小了，只能适应底层小企业的残酷竞争。

销售人员要想真正创造多赢格局，平衡各方利益，就需要从关键点上去拉关键的人站在自己的一边，让客户内部一般层级的人即使反对也不至于表露出来。这种关键人物可能不是圈子内的，但是会有绝对的影响力，尤其在一些大的订单上，事实上关键人物也许不便于直接出面，或者根本就没有意愿参与，但是他们身边的人也是可以争取的对象。建立统一战线，就是把所有能够用上的人全部用上。

很遗憾的是，本来商业专家提出多赢格局，是指企业不仅在客户价值上能够成功，而且自己的企业也能够在与客户的互动中发展壮大，企业需要创新，用更好的产品服务社会，热心公益，企业对自己和社会能够做到利益平衡。但是在当下很多的商业运作中，多赢格局被误解了。

如果每个人在商场上都要小聪明，这些小聪明会聚起来就是我们的商业环境。当然这并不是说我们小企业的从业者素质低下，潜规则的存在有着深厚的历史因素。我们单个儿的销售人员既然不能够改变环境，那么我们就要试着学会适应它。在适应它的过程中，希望内心的道德天平还在那里起作用。

7. 熟知客户，做透客户

做现场销售时，销售人员必须一个劲地发挥自己的语言特长，说服客户，使他们在最短的时间里掏钱购买商品。

可是做一个大单，如果不把客户研究透，客户那只签支票的手就不会为我们抬起来。你对大客户的了解有多少，如果不了解就像对小客户一样直接推销，那基本是没有用的。小单靠技巧，大单更要动脑子。

在前文我们已经谈到了如何获取客户信息的问题，现在我们沿着信息在我们销售过程的走向继续深挖。学会分析信息，将客户内部错综复杂的关系理得一清二楚。销售人员越是了解客户，就越能判断出其中的问题所在，也就越能拿出解决问题的方案了。

销售人员可能认为自己从事销售工作，对客户情况已经知道得很多了。但是如果你真正开始收集客户信息，就会惊讶地发现还有那么多你不知道的事，信息不挖掘，有些事实就不会显露出来，比如客户的组织结构等。即使是对情况一无所知的人也能勾画出一般公司的组织结构图：高层有首席执行官、总裁、市场销售执行副总、生产副总等。有的部门则需要深入了解，比如采购部。销售人员要知道把握决策权的是哪个人。

如果销售人员没有去深入了解，可能认为这一单采购就是采购部说了算，但是采购代表要比你知道得多得多。比如客户公司现在资金出了问题，而他们采购什么、采购多少、以什么价位采购其实都是首席执行官说了算。例如一家企业目前正在争取一个新客户，企业的市场销售执行副总不顾采购部意见，直接从另外一家供应商订货，理由是他们的产品虽然价格高一些，但是与自己公司的方案相结合会对新客户有更大的吸引力。客户内部信息是如此的丰富，我们销售人员不能浑然不知就直接到采购部，找到一个采购代表便洽谈合作事宜。

掌握信息不仅在量，也在于质。知道客户一般的公开信息是量，知道最终的决策者是谁是质。你对客户有多少了解，能不能拿出创值计划并让客户接受都要看你掌握了多少高质量的信息。一句话，不把客户内部关系的来龙去脉搞透，做成订单的几率就非常之小。

对于熟悉的朋友，你既了解，又信任。你更愿意告诉他你知道的事，因为你信任他，因为他答应会为你解决问题。你应该想与客户建立这样的关系。为了这个目标，销售人员要努力赢得客户的信任。信任是一步步建立起来的，这是一个简单的道理。销售人员要与客户的采购部建立良好的关系。让他们认为你能按时、按要求交货，并且能做好售后服务工作。如果没有这一层关系，你就得先做许多补救工作，才能慢慢开始创值销售。

销售人员从一开始就要明白，只有当客户信任你的时候，他们才会想让你知道。你了解得越透彻，越能满足客户的需求，客户就越信任你。慢慢地，双方的隔阂就会消除，而你就成了客户需要的合作伙伴。你帮助客户成功，你自然也就成功了。

客户公司的组织结构销售人员需要去了解。但了解组织结构只是个开始，为了了解企业真正的运作方式，销售人员要学的还有很多。在边问边学的过程中，销售人员逐步了解到客户内部的权力分配，很快就会有惊人的发现。比如，有的人只是徒有虚名，其实没什么实权；有的人乍看并不起眼，实际上大权在握；有的部门与部门之间有些微妙的联系，如果销售人员起初没有经过分析，当然不会看出来。

销售人员真正应该弄清楚的是客户的决策过程和决策者。第一，弄明白谁为你的产品埋单，再一步步往前推。第二，找出所有参与决策的人。有些人可能职位一般，你见都没见过，更没说过话，但在决策中却有发言权。要知道这些人的决策依据，从以前的采购程序就可以分析出来，研究的时候一定要把未来可能成为领导的人找出来，他们可是销售人员与客户加深关系的中间人，是一定要争取的对象。

这里我们把一家公司全体的决策人称为这家公司的“决策团队”，其中包括决策者、信息共享者、施加影响者、树立障碍者。掌握一家公司的社会体系是了解其需求，进而提出创值建议的重要因素。在其中选出影响最大的人进行重点沟通，同时也要学会安抚决策团队中的其他人员。

销售人员只有找对人，才能办对事情。

有没有一种资料让销售人员能够在竞争过程中取得优势、压倒竞争对手呢？答案是有的。这类资料叫做客户个人资料。只有掌握了客户个人资料，才有机会真正挖掘到客户的内在需求，才能做出切实有效的解决方案。当掌握到这些资料的时候，销售人员必须设计新的思路、新的方法来进行销售。

客户的个人资料包括：

◆家庭状况和家乡

◆喜欢的体育运动

◆喜爱的餐厅和食物

◆最要好的朋友

◆喜欢阅读的书籍类型

◆毕业的大学和其求学经历

◆出差行程

◆在企业机构中的作用

◆同事之间的关系

◆个人近期的工作目标

◆个人发展计划和志向等

◆休假的计划

只有经过更加深入的了解，销售人员在与客户沟通的时候才能获得更高的效率。

销售人员需要一边忙着为问题找答案，一边与客户进行沟通。这里的沟通不是指每周和采购经理开会的那种沟通，而是与客户之间建立多种联系，这样大家才能彼此熟识，才能很快地聚集起来解决问题、消除障碍。

例如在签合同之前本企业的律师应该主动与客户方面的律师讨论合同形式，避免最后关头出现误解或变更。本企业财务部的人应该与对方的财务室建立良好的关系，这样就能在交易之前完成技术性工作，也可以把新的付款条件加进去。

销售人员及本企业与客户建立长远关系的最后一步是售后服务。签了合同并不表示销售关系就此结束，建立长期关系的关键是维护客户的利益，能够为客户在产业链条上提升价值。只有当客户看到预期结果的时候，也只有当你的解决方案真正为他解决了资金问题的时候，你才会成功。成功本身不是结束，而是另一段“长征”的开始，你将继续与客户并肩作战、共同努力。

最后还要记住，任何客户兼合作伙伴与你共享的信息你都有责任不对外泄露。信任是信息流通的基础，切忌滥用信息。对销售人员来说，这些细节信息是一笔难得的财富。

8. 善用资源，随需而变

销售人员，不是一个人在战斗。

如果用军事理论来理解我们当前的销售工作，就可以认识到我们的销售工作是否已经达到了一个比较高的层次。我们的日常工作是不是做得有效率，讲科学。

单兵作战的销售人员在小企业里面还有很多，企业将销售人员招聘过来之后，没有将他们融入到自己的企业文化之中，这样的销售人员本质上来说属于一种“营销外包”的人，他们牢牢地将自己的客户掌握在自己手里，不让别人接触。销售人员的行事方式很像在打游击战，事实上，他们确实就是游击队员。

现在是信息时代，我们的营销需要战略和战术的协同，在战场上，现在的多兵种协同已经是一个普遍的发展趋势了。一个在前线的士兵，一旦发现重大敌情，就立即呼唤远程火力的支持，虽然他只是一个士兵，但是却能获得相应的局部战场指挥权。一切为了前线，一切为了目标。如此的组织管理模式一旦形成，散兵游勇式的销售方式就显得十分落伍。一个最前线的销售人员做大客户的时候，知道什么事情自己能搞定，什么事情自己搞不定，需要本企业支援的时候企业就立即组成符合要求的任务小组，将目标客户锁定，团队产生的协同效应要远远大于个人所能发挥的作用，客户提出的个性化要求，任务小组立即就能作出比较好的回应。

销售人员如果不能将一些客户抓在手里，没有骄人的“个人业绩”，在企业内就会受到忽视和排挤。这其实与企业不能给销售人员带来归属感有很大的关系。有时候销售人员确实想要从全局的角度去看待自己的工作，但是企业却不能提供更科学的考核方案，这是销售人员喜欢单兵作战的主要原因。

单兵作战，意味着侦察、分析、进攻和客户维护都要一个人去完成，这里面的效率有多高已经很难说了。再说了，销售人员自己的层级也影响着业务开拓的效率，没有相应的拍板权，在销售工作中很难作决定。

而协同营销则不一样，其实说明白了，就是一种向上管理，前端的组织变成全能的，后台变成系统的支持力量。以前前线的士兵指挥不了炮兵，要报告司令部请求支援，司令部下命令炮兵才开炮，现在系统的支持力量超强，前端功能全面，战士发出一个即时信息炮兵就开炮。部队在哪儿，每个队员的位置在哪儿，在总司令的指挥屏上显示得十分精确。很难想像解决阿富汗塔利班的仅仅是 123 人的特种部队，三人一组，每组支持经费是 5000 万美金。3 人小组包括一名信息专家，一名火力炸弹专家，一名战斗专家，他们相互了解对方的领域，这种任务小组的组合事实上就是前端的指挥中心，而以前的司令部变成了协调和支持中心。

其实很多销售人员看不懂我们所说的意思：认为我做我的客户，我每天跑腿儿做销售，根本就不需要知道这些东西。其实这里说的就是快鱼吃慢鱼的商业游戏。现在的商业环境和以前不一样，企业需要十倍速的敏捷反应速度，机会到来的时候要能快速组织进攻，慢腾腾的个人推进已经很难适应这个时代了。

这一点都不奇怪，一线的战斗人员理应获得资源，因为只有营销部门是赢利部门，其他的部门都是营销部门的支持者。不管是产品研发还是技术创新，其实都是为了一线的战斗人员能够快速地获取战果。企业所有的战略战术都要围绕营销这个出口展开。从这个角度来讲，企业的品牌战略也好，企业的技术战略也好，都必须围绕着营销部门的销售展开，因为只有销售过程才是直接产生价值的。这种趋势正在推动企业组织结构的变革，销售人员在这样的组织结构中更能体会到营销的力量。

不经过专业训练的销售人员不能体会到信息化企业的价值，从单兵游击、对个人的业绩负责，到协同营销、对企业的目标负责，这里有一个企业文化的转变。企业考核个人业绩的标准变了，销售人员才能更善于和团队合作，能够使企业产生做单的高成功率。

更多国际化跨国公司正在积极推动“体制变革减少层面，返回小公司高效机制，用信息化手段调配能量聚集”。一套运行精良的CRM信息化商战系统，可以高效、高能地支持“以扁平化功能团队为模块的动态调员协同会战”的体制和机制变革。

企业营销在今后的趋势就是将营销部门变成一个个的小团队，一个企业分成很多的任务组织，专业上讲这样的销售团队是矩阵式的，具有独立功能。遇到不同的客户，企业立即就能组成高效应对的团队，做到灵活、高效、高能，实现动态调员协同会战。对某个具体项目，可以方便地调集同一团队的不同人员、不同团队的人员，大家协同工作，打破壁垒，动态形成项目协作小组。复合使用资源，根据实际需要积聚能效，可以更加高效地完成企业的销售目标。

面对这样一个新的销售工作，我们销售人员会不会疑惑，企业是不是限制了顶尖销售人员的空间，事实上不是这样的。如果一个制度限制了人的能力发挥，那这个制度就是应该被抛弃的。

销售人员该怎么做销售还是不变的，变的是对销售人员的支持增加了，销售人员为了完成销售业绩，企业在有条件的情况下需要去尽可能地满足他们，一句话，资源向销售人员倾斜。以项目式精确作业为目标，以扁平化功能团队为模块，动态调员协同会战，企业高管或资深专家可以指挥到一线的每一个销售人员。

传统的销售技巧往往会将销售人员从团队中挑出来加以说明，比如顶尖销售人员的语言技巧等等，比如用一个经典案例说明一个顶尖的销售高手在一小时之内是怎么搞定上百万订单的。我们如何判断这样的销售业务呢，这样的案例显然可遇而不可求，过分强调个人的力量恰恰是企业营销管理不善的体现，或者案例的举证人根本就不知道什么是营销。

信息时代的营销强调的是将销售人员放置在系统之中，靠整体合力推进销售工作。我们在工作中不仅要强调销售人员的作用，还要发挥企业的组织功能，销售不再强调奇迹，而是强调“以大博小”、“以强博弱”，制造销售胜局。

第六章　包装每一单——熟悉客户心智

1. 消费品推介营销，须了解客户价值观

销售人员应该知道品牌的本质是什么。

有效的经济是建立在消费者的需求之上的，在产品短缺的年代，生产者处于优势地位，供给处于主导地位；在产品丰富的年代，消费者处于优势地位，迫切需求的产品变得相对少了，非迫切需求的产品变得很丰富。

在经济发展的前提下，基本生活保障得以解决之后，就会产生多元化消费，衡量产品和服务的标准会依人的思考方式和行为方式不同而不同，人们购买商品不再是单纯为了生活和生存需要，还是为了得到乐趣和其他附加在商品之上的虚拟价值。产品卖的已经不单单是产品本身了，还有消费者认可的心理价值。

这是现代经济的核心观念之一，有些产品不再是为了满足人们的生活需求，而是为了满足客户的价值需求，这就是心的经济，即心智经济。如果说看不见的手是由消费者的需求决定的，那么看不见的心现在操控着看不见的手，看不见的心具有了更大的价值。

中国人说，人心难测，这是指权谋之心。心智经济概念认为，正因为人心是灵动的，变化的，丰富多彩的，才构成了经济的万花筒，才会有不断的价值创新。如果现代企业卖的商品是没有附带虚拟价值的商品，那这样的商品就是所谓的干货商品，中国的出口多数是干货商品，

是靠亿万劳动者辛勤劳作生产出来的商品。没有水分，全是实实在在的干货。那些拥有给产品赋予虚拟价值控制权的跨国企业一转手，便可以得到几倍或几十倍的利润。赋予一个普通的商品以梦想，是这些跨国企业的拿手好戏。

那些发达国家的企业更了解消费者的心智，理解消费者的心智正是这些企业攻占市场的最厉害的武器。他们是时尚的制造者，拥有商品的定义权，他们不仅是在卖商品，而且还在卖赋予商品的梦想。

在无附加价值的商品中，顾客购买产品会买低价产品；而在有附加价值的产品中，顾客会购买符合自己身份特点的产品。在产品丰富的时代，一件产品如果光卖产品本身，那是要吃亏的，这只能说明商品的生产者了解了消费者的人，而不理解消费者的心。

看看那些跨国公司怎样在中国销售产品，再看看中国怎样在国外销售产品，我们在心智经济的领域又有点落伍的感觉。突然想起了毛主席的那句话，帝国主义没有睡大觉，而是天天在蠢蠢欲动。

如果销售人员做的是穷人生意，那就讲一句“物美价廉”；如果是做富裕阶层的生意，麻烦多说一点尊贵时尚成功的词，你的顾客在乎这个。而且如果一直说下去，你就会有追随者。吆喝物美价廉者多是街头小贩，那些将产品讲成故事的人是时尚的制造者。

理解顾客的价值观，走进顾客的内心，是当代创业者和销售人员最重要的任务。顾客的心理需要，才是最本质、最根本的需要。顾客问的不是“你的产品是什么?”而是“你的产品能让我开心吗?”不在于你为顾客提供了什么样的产品，而在于他们是不是高兴。只有能够满足人的心理需要的产品，才是好产品。

满足消费者的心灵，是这个时代一切商品供给者的中心任务。过去，注重价廉物美，现在，注重打动人心。企业可以用一种华美的语言，赋予产品与众不同的价值，编一个美丽的故事，让产品不再是冷冰冰的商品，而是赋予了它们性格。将这个故事讲到全世界，于是就有了一个新的时尚亮点。

心智经济时代正在改变甚至是颠覆物质世界的许多规律，心智经济又是想像力的经济。没有想象力的经济是冰冷的，没有体温的经济。创业者和企业家必须理性做事，感性营销。

人生如戏，每一个人都有一个或几个角色，每一个人都是演员，不同的场合就需要不同的道具。我们所提供的商品，除了满足人们生存以外的全是道具。把演戏看做全是假的，实际上并不正确。

这个世界上其实没有贵族，所谓的贵族都是用一系列的道具装扮出来的；这个世界上也没有什么贵族的商品，我们一般叫做奢侈品，奢侈品都是被导演出来的。发达的市场一定有很多的好导演和好演员。

从客户价值观的角度去分析经济现象，就不会犯大错。

销售人员作为战斗在市场一线的士兵，对于产品的表达是基本的需求，很多产品都是需要讲故事的。同样是衣服，为什么法国和意大利的一件时装能卖几千元人民币，为何一个小手包能卖到上万元人民币，而且这些东西可能就是浙江制造。原因只有一个，拥有它们就会身价倍增，因为销售人员告诉你说，欧洲王室的某王子和某公主也穿着和你一样的衣服，国内某富豪的夫人，也是穿着这样的衣服。

这些商品是客户进入上流社会的通行证，而不仅仅是遮体保温的衣物，实用功能是次要的，炫耀功能是主要的。消费者如果跟这样的客户推介说，这件衣服质量如何好，穿着如何舒服，显然是不懂顾客。

做品牌消费品的销售，就是要不断地念叨产品的品牌诉求，说一千遍一万遍，直到销售人员自己也相信为止。你卖的不是衣服，是时尚和品位。销售人员可能来自品牌厂家，也可能来自品牌经销商，但不管是谁，都需要了解自己的顾客，了解自己顾客的生活方式，他们的购买行为有什么不同，他们的思考模式是什么。思路清楚了，也就了解了品牌运作的技巧，以后卖什么产品，都学会了去重新诠释它，赋予产品以新的价值。

做消费品销售，无论是做整单，还是做零售，传播的理念都要保持一致性。在品牌消费品领域，熟悉客户价值观是第一位的。

2. 卖产品不如卖概念，增添产品虚拟价值

概念营销是为产品加上新概念，它是一种经营的新思路。

概念营销是指企业在市场调研和预测的基础上，将产品或服务的特点加以提炼，创造出某一具有核心价值理念的概念，并向目标顾客传播产品或服务包含的功能取向、价值理念、文化内涵、时尚观念和科技知识，从而激发目标顾客的心理共鸣，最终促使其购买的一种营销新理念。

现在很多的销售人员对概念营销还没有深刻的认识，有魅力的企业现在都会使用概念作为自己开拓市场的先导，他们的经营思路是反常规的、独辟蹊径的，同时又是对现有经营手段的超越。它的意义来自于竞争，方法来自于市场洞察和观念创新。

所谓的概念营销，在理论上是允许的，甚至在理论上还是优越的、先进的。新产品上市之前，概念营销首先为消费者传递新的消费观念、变化趋势和生活标准，推出即将应市的产品的信息。现在风靡世界的芭比娃娃就是概念营销典型的例子。

芭比娃娃从本质上来说只是小玩偶或者布娃娃，但是一旦赋予了她各式各样的性格、各式各样的职业，这个娃娃就有了生命，她拥有了很多的身份，医生、宇航员、女企业家、警官、运动员，甚至还做过联合国儿童基金会的志愿者，到目前为止，她的职业已经超过 80 种；她可以是中国人、印度人、黑人，她所代言的民族有 45 个；她的宠物现在已经超过 40 种了。今天的“芭比”已经不仅是一个玩具，它还是美国女性的一个象征，是美国文化的一个象征，正如遍布全球的麦当劳、肯德基一样。作为创造这个品牌的露丝，她用自己一生的努力，给了全球的女性以梦想和希望。

芭比从诞生到现在，创造了几十亿美元的销售额。不能不说这是个概念营销的奇迹，销售人员需要了解这个案例。如果芭比只是一个普通

玩具，没有被赋予那么多概念的话，是不能创造出那么好的业绩的，所以应用概念营销，学会怎么样卖产品才是我们销售人员一直需要学习的。

销售人员在营销过程中，需要认识到概念营销是一种“新概念”，是一种对传统的、常规化的营销模式的突破。因而，它具有探索性。但由于它超越了既定营销模式的限制，概念营销就具有了赢得新优势和建立新优势的可能。

日化行业其实是个低技术含量的行业，在跨国公司没有进入国内市场的时候，国内化妆品行业其实是没有什么概念营销的，停留在“雪花膏”时代。但是这些外企将化妆品行业变成了出卖梦想的行业。他们卖的不是化妆品，而是美丽、年轻、魅力和勾引。其实谁都知道，没有人可以斗得过岁月，但是化妆品这么卖了，就有疯狂的女孩们省吃俭用也要买 1000 元几十毫升的宝贝，每天坚持往脸上抹，她们似乎也因此得到了厂家许诺的美丽。

其实跨国公司才是真正的“吹牛高手”。

不过换一种说法，那就叫概念营销。只不过他们的概念营销已经科学化了，他们的概念诉求是建立在大量的市场调查基础之上的，他们知道消费者没有满足的需求在什么地方，他们的话语会触动消费者心里最痒的地方。让消费者乖乖地掏钱购买。

销售人员在销售此类商品的时候，需要明白消费者心里到底想要的是什么。概念营销是一种营销方式，它的出现是与市场竞争的白热化和全社会的商业化紧密结合在一起的。在国内当下的市场竞争中，特别具有参考价值。

苹果公司的 iPod 可谓是席卷全球，成就了自日本索尼推出 Walkman 之后的个人随身听界的革命。它重新定位了数字随身听的外观设计与操作方法。然而从销售人员的角度去看，iPod 卖的其实就是概念。设计的独具匠心和操作的创新性是它的主要卖点，它传达给消费者的其实是一种概念：新时代的数字随身听应该是这样的。

其实在很多时候设计就是在传达一种概念和理念，它可以引领一种新的产物甚至是新的时代。卖产品不如卖概念，技术可以突破，设计可以模仿，但是理念树立的是一种文化，品牌产品就是这种文化的载体。

产品使用价值的竞争力在现在市场的竞争中日益落后，附加值主要是靠营销来完成。概念营销在现在来看还是一个比较新的名词。它可以不被模仿和抄袭，因为第一个卖该类产品的公司会成为市场上的主导，甚至这家公司的名字将成为该类产品在市场上的代名词。一流企业卖文化，二流企业卖品牌，三流企业卖产品。说的就是概念营销。

因此出卖以品牌文化、品牌定位为本的文化概念远远比卖产品重要得多。这是变革时代的一个特色。产品一旦被赋予一种特殊的文化气质，人们购买的就不再是一件单纯的产品，而是一种感受、一种生活方式。

麦当劳提出：我们不是餐饮业，我们是娱乐业。可口可乐大力宣传：我们卖的不是商品，我们卖的是一种文化，是一种美国精神。可口可乐就是含有焦糖的碳酸水，但是消费者在这里面却喝出了自由世界的味道，这是消费者的幻觉。

概念营销是一种企业战略，而不是一种推销技巧。概念营销的目标是实现价值最大化。这跟销售人员的直接利益是紧密相连的，如果销售人员服务的是生产高附加值产品的企业，则每一单获得的经济效益都是比较高的。我们可以看看这些企业的员工，企业文化不允许他们表现得衣衫不整，甘于人下，所以也会给员工优厚的待遇。

对于忙于做单的销售人员来讲，概念性的东西很多人不喜欢，不感兴趣，他们更加相信阿甘那种行动精神，我们明白“百次心动不如一次行动”的道理，可是巧干和苦干是并不矛盾的，概念营销不是空中楼阁式的东西。它是一项信息传递的系统工程，运用到我们每一个销售人员的实际工作中，它就变成了非常具体的沟通技巧。在做单的过程中，一定要将产品的概念传达出去。

在关于介绍产品的问题上，不需要我们创意性地去发挥了，你可以照本宣科。这样的信息内容是企业战略管理层定的，销售人员只是最前沿的推手。

3. 独特的品牌诉求，产品的灵魂所在

产品是“一”，品牌是“零”，企业只有赋予产品“灵魂”才能决胜市场。

产品是本，产品是一个企业提供给消费者的基本价值，消费者选的是你的产品，产品具有使用价值，品牌诉求和产品的使用价值有区别，但却是不可分的。所以只有对好产品才可以附加品牌价值。

并不是所有销售人员都知道品牌的价值，比如那些做特种工业零部件的销售人员，他们不直接面对消费者，他们也没有机会研究消费者的消费行为。其实在竞争激烈的市场中，品牌可以帮助企业，也可以帮助销售人员很好地将自己与竞争对手区别开来。当今的市场营销，已经远远地抛下“无印良品”时代了。从产品自身的功能说起，或者从产品的物化性质说起，大多数的销售人员都是自己产品行业的专家，但是对产品如何卖出差异性往往研究得不够。

现在绝大多数行业都进入了成熟期，市场内的强势竞争者增多，市场的大部分份额被几个强势的品牌瓜分，竞争的主要表现是大家都保持几分默契，不轻易发动价格战和运用其他非理性的竞争手段。因为即使在某一次竞争中吃掉很多的市场份额，也会碰到对手的强力反扑，短期的称霸不如长久的共和。

这跟我们销售人员有什么关系呢？现在的市场是品牌的天下，如果销售人员有机会选择，那么进入一线品牌企业是个不错的选择，他们的销售是整体的系统运作，销售人员更容易稳步获得工作业绩。销售人员同时也会学到东西，即使在一线品牌之间，品牌诉求也是不同的，企业

都会有自己的侧重点，占有不同的市场份额正是不同品牌诉求的市场反应。

销售人员是营销的执行层，进入企业营销高层以后就会参与企业品牌创立、管理和维护，在品牌诉求的提炼上，一定要结合自己独特的优势资源，尽力使核心卖点所诉求的产品特性变成竞争者不具备的。在挖掘产品独特优势的时候，要善于发现企业那些未被发现的资源。企业或许存在着各种资源，在资源的遴选上，一定要关注资源的差异性，也就是说，这个资源是竞争者没有的。在企业资源的独特性上提炼出的核心卖点，往往会成为打击竞争者的利器。一定要注意的是，一个不起眼的资源优势如果被合理地放大，甚至可以被淋漓尽致地运用在营销策略的多重组合当中，所起到的作用能使整体领先，达到全面阻击竞争者的目的。

比如龙井品牌的使用。为了保护龙井茶的声誉，地方政府成功申请到了龙井茶证明商标，只有浙江 18 个市县培植生产的龙井茶才能冠名“龙井”。消费者能够选购到带有品牌的龙井茶，这同时也就是排他性的，认定其他产地的龙井是不正宗的。这样，品牌策略就起到了抬高自己，打击对手的作用。

正宗就是带品牌龙井茶的诉求点。

销售人员都知道，百事可乐和可口可乐在全球任何一个地方都是在互掐的，可口宣扬的是快乐，而百事则是年轻和活力，显然百事的品牌诉求具有进攻性，言下之意就是陷可口可乐于不年轻和没有活力的境地，这一点可口可乐很难防守。

所有的品牌诉求，目的都是突出自己，打击对手，同时建立竞争的壁垒，在自己的周围建起一层防火墙，进而抵御竞争对手的进攻。品牌的独特诉求是企业文化的集中体现，它是品牌的灵魂。

所以，对销售人员来说，对自己销售的产品采取的是什么样的品牌诉求策略，一定需要理解透彻。销售人员如果细心地观察，就会发现，越是成功的品牌，越不放过与品牌有关的任何一个细节，每一个产品、每一个市场及与客户达成的每一份协议都必须秉承单一而有力的品牌诉求理念。

不管是企业老板，还是财务总监，或者是普通销售人员；也不管是电视媒体，或者平面广告媒体，或者是网络宣传；还有经销商，都要清晰地表述产品的品牌诉求。这是整合营销传播策略的应用，品牌企业一般都采用整合营销传播的策略。

整合营销传播（IMC）这一概念是在20世纪80年代中期由美国营销大师唐·舒尔茨提出和发展的。IMC的核心思想是：以整合企业内外部所有资源为手段，再造企业的生产行为与市场行为，充分调动一切积极因素以实现企业统一的传播目标。

IMC从广告心理学入手，强调与顾客进行多方面的接触，并通过接触点向消费者传播一致的清晰的企业形象。这种接触点小至产品的包装色彩大至公司的新闻发布会，每一次与消费者的接触都会影响到消费者对公司的认知程度，如果所有的接触点都能传播相同的正向的信息，就能最大化公司的传播影响力。

品牌诉求营销（品牌营销）需要营销渠道的整合。从品牌诉求营销到现实购买力，中间还有营销渠道，因此，需要进行营销渠道的整合，从而确保消费者最终购买。如在概念层面取得了成功，吸引了消费者，但是没有进行终端整合，导致消费者在购买中虽然认同了概念，但却选择了其他品牌的产品，概念就没有促成最终购买。这就需要对终端销售人员进行综合培训，并建立激励机制，保障概念营销的实际效果。

整合营销传播的策略，销售人员应该知道，知道了这些，也就明白了自己在面对经销商或者终端消费者时应该怎么去说话。营销学中关于产品的陈述有一句非常著名的话："你卖的不是一个钻头而是一个洞"，意思是说企业生产的产品或提供的服务只是满足消费者的某一特定需求的工具或手段，消费者购买的并不是你的产品本身，而是他的某一需求。

你的产品是什么并不是最重要的，消费者认为你的产品是什么才是最关键的，这是对产品品牌诉求在营销传播中的进一步诠释。

销售人员做单的过程，也就是不断传达企业产品品牌核心诉求的过程，如果我们从理论上，到战略上，再到执行层面上都能认识清楚的话，我们就能成为品牌管理战车上的一名好战士。

4. 瑕不掩瑜，科学化描述缺点

中国人有句话，“成也萧何，败也萧何”，最能表现一部分企业在营销过程当中的困惑了。

一些来也匆匆，去也匆匆的企业都败在了一个事情上，那就是产品的重大缺陷损害了消费者的利益，有些产品的销售从一开始就是彻头彻尾的骗局。这些企业死不足惜，如果销售人员受雇于这样的企业，那只能说明自己糊涂了。

从另一个方面来讲，世界上不存在完美的产品。任何产品都是只有更好的，没有最好的，所以销售人员就要认清客户对产品的抱怨，能够科学地描述产品的缺点，最终的结果是瑕不掩瑜，使消费者或者客户认可。

其实很多产品存在的缺陷，只是一些小小的不足。但是销售人员必须知道，这些不足对于客户来说会带来什么样的负面作用。媒体和客户往往倾向于无限放大产品的不足，这是需要企业良好的公关策略去解决的。

有时候产品的优点之中就包含着产品的缺点，比如手机，我们希望手机收集信号和发送信号的性能很强，但是这样的手机可能会有更大的手机辐射。这就要销售人员解释清楚。其实每个消费者都知道手机在这方面的不足，所以在选购的时候也不会太在意，也就是客户能够包容这样的不足。所以客户不提起，销售人员也没有必要在这方面多作说明。

对于产品的不足，销售人员需要进行分析，学会立体地看待问题。有一类是产品的功能有缺陷，即目前产品的功能与理想产品相比较存在不足。比如 WINDOWS 电脑操作系统从诞生之日起，就一直存在安全和功能性的漏洞，但是这并未妨碍微软统治全世界的电脑桌面，也并不能阻止比尔·盖茨成为全球巨富。与产品的强大功能相比，产品的不足往往会被忽视。

但有时候产品的不足也会成为客户抱怨的焦点。问题是，微软不能等待产品完美以后才上市，他们需要在不断的市场反馈中不断改进产品，不断地推出补丁对产品的不足进行弥补。

现实产品和客户心中的理想产品之间总有差距，特别是针对复杂产品而言，有待改进是难免的。销售人员在推销过程中，当客户问到产品不足时应如实回答，若是关乎客户的核心利益还得主动告之。但回答和表述的方式你可以控制，把感性的东西描述得理性一些，而不是采取回避的态度。告诉客户任何事物的正反两面都客观存在，真正的客户会被你的坦诚所打动。所以真正考验我们的不是产品是否存在不足，而是我们是否拥有真诚和面对时的勇气。

一个日系车的销售人员吴先生，每天都会面对顾客抱怨车的安全性能不好、车体比较轻薄的问题，虽然车做工不错，但是跟欧美车系比起来，在安全性能上看到的负面信息更多。

吴先生每天都会坦诚地回答客户提出的问题，日系车省油，省油的原因一方面来自发动机性能的优良，另一方面来自车体重量轻。市场上的报道有时候不能反映事实，虽然很多的日系车车体较轻，但是在结构工程师的努力之下，采取了更安全的结构设计，这些都是经过碰撞试验并且符合国际安全标准的。

吴先生为此还自己准备了大量的资料，用来说服消费者打消疑虑。用数据和事实来说明问题，而不是口头申辩。买车的时候，安全性能是客户决定是否购买的主要因素之一。所以必须要用事实说话，解决客户的后顾之忧。

有时候消费者的商品知识是比较缺乏的，存在着对产品功能和质量的未知区。

霸王洗发水二恶烷事件就是此类问题，日化产品属于化工产品，所以含有极微量的有害物质是避免不了的，世界上不存在单一的化学物质，只要它们不超标，不对人体造成坏的影响就可以了。

香港《壹周刊》杂志曾爆料称，经香港公证所化验，霸王集团旗下的首乌黑亮洗发露以及追风中草药洗发水，均含有被美国列为致癌物质的二恶烷。市场立即起了反应，70%正在使用霸王系列洗发水的顾客表示，会暂时先停用，等待检测结果，宁可信其有，不可信其无，毕竟健康最重要。

事后的检测得知，霸王产品二恶烷含量不超标，在此情况下，香港海关表示产品可安全使用。但是事件已经造成了巨大的影响，虽然专家亲证二恶烷在业内普遍存在，霸王洗发水没超标，但是受“致癌”风波影响，霸王股市受挫，市值损失35亿，触目惊心。

这样的事件会重挫企业，其实企业一开始完全可以自己去作检测，拿出所有的数据，再跟国标的数据作一下比对，在标准上没有问题，就不会给无良的记者和炒作者留下口实。销售人员手里应该有一份翔实的数据，有时候，科学实证可以胜过千言万语。

我们销售人员真正需要做的是积极强化产品优势，同时不回避问题。如国际快餐业在国内市场攻城略地，虽然全球都在抵制“垃圾饮食”，并列出其几宗危害，但并不能阻止它的迅速发展，因为其卖的其实是一种感觉、一种氛围和一种文化，虽然是餐饮服务，但是来这里绝不是为了吃饱而已，顾客来到这里，其实是想享受特别的氛围。

这些国际企业很少回应指责，但是也在悄悄地做一些低热量的食品，而且他们在做公关的时候也强调顾客身体的差异性，呼唤小胖子们多吃热量低的食品。他们对于这一点的处理是合理的。

销售人员手里没有完美的产品，企业产品也不断更新升级，这是时代的潮流，需要消费者的挑剔和企业研发人员的钻研，而我们销售人员最主要的工作，是用积极的心态、务实的行动实现产品当下的价值。

销售过程当中固然要对客户保持诚信，勇敢地正视产品的不足，但是这也需要讲究一定的技巧。

优秀的销售人员在做单过程中，必须为产品说实话，要承认产品既有优点也有不足的地方。强调优势，客观地面对产品的劣势，介绍综合性能和性价比。只有保持科学而坦诚的态度才会获得客户的理解和支持。

5. 知道产品能够给客户带来什么价值

产品给消费者能带来什么价值，这是销售人员应该研究的问题。

销售人员必须进行消费者研究，不了解顾客就直接销售，一定不会得到好的销售业绩，也可能会损害企业的品牌文化。

在国内，我们企业对消费者的研究做得很不够，这是因为我们很多企业的生存基础还比较差，一个代工型的生产企业是不需要懂消费者的，接单，然后生产，再到交货，这就是企业的整个运作流程，这些企业的销售人员，就是一切为了生产线的运转，靠价格战赢得订单，虽然这些企业的生存靠的是劳动生产率的提高，但是我们从产业链来看，他们付出的和得到的是不成比例的。因此，他们一直在为生存而战。这些企业的销售人员，也摆脱不了产业链强加给自己的境遇。在整个价值链上，他们得到的很少。

管理大师德鲁克一直推崇亚伯拉罕·马斯洛的思想，因为他三言两语就说清楚了人的需要层次理论。按马斯洛的理论，个人成长发展的内在力量是动机。而动机是由多种不同的需求所组成的，各种需求之间，有先后顺序与高低层次之分；每一层次的需求与满足，都将决定个人人格发展的境界或程度。马斯洛认为，人类的需求由高到低分别是：自我实现、尊重需求、社交需求、安全需求和生理需求。

销售人员判断客户，首先要了解客户的需求处于哪一个层次，如果针对的是生理需求层次的顾客，只要说一声物美价廉就够了。一位甘肃的贫困老农一定无法理解为何上海姑娘花 10 000 元人民币买个小手包。

这不能怪他，马斯洛已经解释清楚了。

安全需求比生理需求要高一级，当生理需求得到满足以后就要保障安全需求。每一个在现实中生活的人，都会产生安全的欲望、自由的欲望、防御的欲望。保险销售人员非常喜欢他们这个需求层次的人，这些客户就是他们的主顾。

人是有圈子和归属感的，社交的需求也叫归属与爱的需求，是指个人渴望得到家庭、团体、朋友、同事的关怀、爱护、理解，是对友情、信任、温暖、爱情的需求。中产阶层需要得到尊重，尊重的需求很少能够得到完全满足，但基本上的满足就可产生推动力。所以在知识型企业中，这些人不仅追求基本经济上的满足，也追求一个尊重的环境；那些白领买名牌，潜意识中会把拥有这些东西作为自己融入社会圈子的象征，销售人员跟他们沟通的时候，显然只能说他们喜欢听的话。

自我实现的需求是最高等级的需求。满足这种需求就要求完成与自己能力相称的工作，充分地发挥自己的潜在能力，成为所期望的人物。这是一种创造的需求。有自我实现需求的人，似乎在竭尽所能，使自己趋于完美。自我实现意味着充分地、活跃地、忘我地、集中全力地、全神贯注地体验生活。

这种层次的需求只能属于成功人士。

很多新入行的销售人员处于职业生涯的起点，有时候经济地位会限制人的视野。一眼能够洞穿所有阶层消费行为的人，才是能够看到商业机会的人。如果自己的视野不开阔，即使机会放在自己的面前也会熟视无睹。所以销售人员不要为自己的视角所困，要学会客观分析。自己不理解的，不代表别人不理解，好在我们手里有工具，可以进行分析，拿出沟通的方案，满足客户的内心需求。

营销学是一门试图影响消费者行为的学科。不了解客户的心理，也就不会知道自己的产品能够提供给客户什么价值。美国社会学家凡勃伦1899年出版的《有闲阶级论》提出了广义的消费概念。他认为过度的消费是在一种希望炫耀的心理下产生的。以此为代表的消费心理研究引起了心理学家和社会学家的兴趣，也受到了企业的密切关注。

销售人员要知道享受人生是什么样的需求，要学会满足顾客炫耀性消费的需求。

凡勃伦认为，要获得尊崇，并保持尊崇，仅仅保有财富或权力是远远不够的，有了财富或权力还必须能够提供证明。因为尊崇是通过这样的证明得来的。炫耀性消费就是为财富或权力提供证明以获得尊崇的消费活动。

销售人员要知道自己的产品是为哪个阶层服务的，销售人员读懂了凡勃伦，也就读懂了名利场，读懂了富人。懂他们才能为他们服务。对销售人员来讲，这就是金矿。

这是一条和常识不相符的行为模式。

经济学家们干脆将这种炫耀性消费的商品称之为凡勃伦物品，这些商品价格越高，需求量越大。经济学家们发现，凡勃伦物品包含两种效用，一种是实际使用效用，另外一种是炫耀性消费效用，而后者由价格决定，价格越高，炫耀性消费效用就越高，凡勃伦物品在市场上也就越受欢迎。

消费心理学研究表明，商品的价格具有很好的排他作用，能够很好地显示出个人收入水平。利用收入优势，通过高价消费这种方式，“高层次者”常常能够有效地把自己与“低层次者”分开。一辆高档轿车、一栋超大的别墅、一场高尔夫球赛、一只手表都是用来证明自己的工具、显摆的手段而已。

现在社会已经进入了一个消费社会。顾客的收入层次已经拉开，品牌及其价格定位都有自己的细分市场，富人在炫耀性消费的同时，他们的消费观点也影响了其他一些相对贫困的人，导致后者的消费方式也在一定程度上包含了炫耀性的成分。所以炫耀性消费也会影响到普通大众，他们也会购买品牌，但不一定是奢侈品，而是那种价格高于其他商品，但是顾客一咬牙，也能买得起的那部分商品。

在消费社会中，奢侈品是一种“显摆工具”。在某种程度上，它们象征着人们的身份或社会经济地位。所以，在奢侈品消费中，人们追求的核心价值已不是商品的实际使用效用，而是炫耀性消费效用。

回头再来看看生产线上那些辛苦劳作的工人和他们的工厂，他们有时候生产一件T恤才赚5毛钱。也许你会觉得这种模式有点傻。但是在消费品领域，没有品牌的商品注定只能悲惨地生存。

观念可以创造财富，这是销售人员必须要记住的，要学会以不同的方式出售自己的产品。

6. 认真分析客户需求，满足客户发展要求

说完了消费品的需求规律，我们知道了消费者价值观的重要性，这里，让我们分析如何去满足企业和集团用户的价值观。

现在很多客户往往采用深度的外包方案，比如在汽车生产企业，有很大一部分零部件是外包的。一个大企业的外围会有很多的联盟性质的小企业，开拓这样的客户需要很高的专业度。个人关系再好，如果专业度不够，也很难与客户进行有效的合作。

虽然产品研发和技术层面的东西，销售人员可能管不了，但是帮企业和客户之间搭建企业联盟式的合作关系恰是销售人员的责任，这是一种和客户深入发展的合作关系。

这其实就是我们所说的顾问式营销了，站在客户发展的角度去思考问题，将客户的问题变成自己的问题并协助解决，这就是顾问式营销的价值。

销售人员不再是仅仅卖产品，而是成为了为客户解决问题，提供发展机会的专家。

我们通常把顾问式销售阶段的销售人员称为销售导入者，这类销售人员能够像高层那样去帮客户思考问题、解决问题，从而使双方更好地达成既定目标。与一般销售人员相比，销售导入者致力于与客户建立更稳固、更能获利、更为持久的合作关系，这类销售人员能更策略性地思

考客户的终极目标及自己的目标。

他们的目标就是提高客户的市场竞争力，这不是一句口号，而是要坚定执行的行动。

在为客户提供解决方案时，销售人员会深入挖掘客户的业务情况并提供能满足客户需求的方案，他们还会在此基础上，把所了解到的客户信息和业务策略作连接，通过提出各种建议来促使客户有效达成既定目标。

销售人员会跟客户分享行业及技术发展趋势，并分析这些趋势将如何影响客户的业务策略。销售人员还应帮助客户解决产品和服务之外的其他业务问题。

他们会像企业决策层那样思考问题。更重要的是，销售人员不仅会根据自己的数据来衡量销售活动的成功与否，还会根据客户主要指标的达成情况来评估销售活动。

自己赚钱不算本事，只有客户实实在在地赚钱了，那才算是有成效。

销售人员知道如何将产品与客户的策略挂钩，找到高质量的客户，识别并做高利润的生意，进行客户渗透，促使客户与本企业建立伙伴关系。

北京的李先生就是一位典型的顾问式销售人员，他虽是销售人员，但是精通电子和机械技术。李先生的客户都是诸如中央电视台、中国航天、军工机械、福田汽车这样的大客户。其中有一家客户是做数控机床油烟净化设备的，李先生能够做到只要客户提供一个想法，他就能够帮助客户实现。很多终端用户的设备需求都是个性化的，李先生能运用企业的服务能力帮他们一一实现，和客户建立深度的信赖关系。

李先生有时候会参与到客户团队中，直接接触终端用户，以专家的身份出现在用户面前，所以他能够知道用户的想法，也能够设计出符合用户需要的产品。客户赢利了，自己企业也会赢利，他把自己的企业和客户面对的问题紧密联系在一起，这样的客户关系是其他企业想挖也挖不走的，这里面有客户和自己长期磨合所形成的默契。

同样，另一家客户要做一个工程车辆的系统控制箱，这种生产是小批量多批次的，客户只需要买来零部件和电子元器件，李先生的企业就能为客户拿出完整的产品，形成一个完整的模块。这样的客户关系已经远远超出一般的买卖关系，而是实现共赢的合作伙伴关系。

销售人员把工作逐步渗透到客户的生产和运营之中，就能发现很多潜藏的需求，能够从专业的角度给客户不同的选择方案。

如果直接卖产品，有可能会对销售起反作用，因为客户并没有明确表态要采购某个设备，那样做只会让客户感觉到你是在向他推销产品，而不是做顾问，解决他的需求。

"新销售"就是要深深地融入到客户的经营之中，与客户形成策略联盟，共同面对市场挑战，寻找市场机会，这在行业中是一种趋势。

7. 商品需要包装，企业需要形象

怎么去近距离地了解消费市场呢？换句话来说，客户和消费者是如何理解自己的产品和服务的呢？每个企业都会假定自己是某一类人的代言人。

销售人员需要去了解企业形象的识别系统，对于生产消费品的企业，统一的产品传达显得尤为重要。销售人员在销售过程中，如何进行产品传达，这不是口才表述的问题，这个传达必须是符合企业形象的东西。如何进行表述呢，其实消费类企业在广告传播过程中所表达的产品定位是我们表达的核心内容，销售人员在说服消费者的时候，不需要自己去发明创造，只需要将企业的形象和产品定位作准确生动的表述就可以了。

很多生产消费品的企业都已经导入了企业形象识别系统，即 CIS 战略，英文全称 Corporat Identity System，现在多指提高企业形象的经营手段。传统 CIS 由三个基本内容构成，即理念识别 MI（ Mind Identity），

行为识别 BI（Behavior Identity），视觉识别 VI（Visual Identity）。中国推行 CIS 战略始于 20 世纪 90 年代，至今为止，众多大型企业能在竞争激烈的市场中脱颖而出，与其推行 CIS 战略大有关系。

这是一个企业营销的战略工具，很可惜，我们国内很多的小企业没有认识到这样一个信息传播系统对于企业的价值，很多人认为只不过是设计了一套标识而已。其实，企业形象识别系统不是在于有没有，而在于能不能准确彻底地去执行。如果企业没有能力去执行这样的战略，那么再好的工具也不能协助企业成长。

消费类产品和工业品销售不同，工业品的销售自然会有自己独特的工具，本书在前文中已经作了详细的阐述。项目营销侧重于人脉，消费类产品的营销侧重于品牌形象传达。

（1）理念识别 MI

企业理念是 CIS 策划过程中一个非常重要的基本因素，是一个企业的宗旨、灵魂，可以说这种理念是企业赖以发展的原动力，一个企业的理念设计直接映射出企业的价值观，它确定了 CIS 系统的整体方向，BI、VI、AI 及 EI 均是由它来引导和发展的。

企业的理念是企业基本精神的反映，它决定着企业产品营销、广告及企业与消费者、政府的关系。同时，企业的理念在一定程度上与企业的发展有着密切的关系，企业的一切决定都应以企业的理念为准绳。

（2）行为识别 BI

理念识别构成行为识别的核心，企业通过对内对外的各种企业行为推动企业形象的传播。对内通过对职工培训进行道德规范、工作规范的教育以及和职工的情感沟通，强化公司的凝聚力，构成企业自身的企业文化；对外则通过市场调查、促销、公共关系、参与公益活动等在公众心中树立良好的企业形象。

（3）视觉识别 VI

企业通过设计出代表企业的独特的符号、图形、字母等标记，通过视觉刺激来建立消费者心中的形象。视觉识别的运用在当代社会已是触目可及了。如麦当劳巨大的黄色M图形，红色的可口可乐商标、蓝色的百事可乐包装等等不胜枚举。视觉识别设计的关键在于鲜明独特，在树立企业形象中有着不可估量的巨大作用。

对于消费品而言，企业的任何举动都只有一个目标，那就是让产品好销售。本企业在广告和促销工作中做得越好，消费品销售人员工作时就越有水到渠成的感觉。我们很难知道宝洁的王牌销售人员是谁，或许这样的企业根本就不需要王牌销售人员，企业关心的焦点不是经销商，而是如何与亿万顾客准确互动和如何做好企业形象和产品形象的传达。整个企业的运营系统是一台科学有序的精密机器，这样的企业里的销售人员多数情况下在做一些实务和渠道协调工作。

国内消费品类企业的很多销售人员，之所以感到做销售工作比较困难，是因为企业本身的经营策略存在问题。说一句不好听的话："将帅无能累死三军。"中国目前的销售市场格局和十年以前已经完全不同。"无印良品"之类的观念已经完全落伍，单纯的质量表达已经不能激起消费者的兴趣。

消费品企业的经营有着自己的规律，品牌经营占据了核心的地位。没有品牌，就意味着产品在市场上不会有忠实的顾客群体，企业别无选择，只能选择打价格战。

小企业在建立品牌方面有没有作为呢？在渴望创建小品牌的企业里，我们销售人员该如何进行销售呢？也许这样的问题对于成千上万的小企业及销售人员是更有针对性的。

总部设在上海的衫国演义T恤品牌生产厂家，就是一个典型的小企业，普通的T恤衫，配上精心设计的图案，通过独特印刷工艺做成品牌T恤。企业通过小批量多品种的生产，将自己的生产模式、设计模式，以及对产品的理解等一一向消费者介绍，因而获得了很好的发展。一家上千万产值的企业能在市场立足已经算是很不错了。有一个可以验证的环节，那就是衫国演义T恤后期加盟店的经营状况。理解了企业核心理念的加盟业主，生意就好一点；而不理解这一点的，生意就差一点。这说明品牌经济的一个重要的要素是：在卖产品的同时，一定要把附着在产品之上的概念传达给消费者。如果将创意产品当作普通产品去卖的话，很可能会走样，最终使企业进入价格战的泥沼。

笔者跟踪研究这个小众消费品品牌已经有 9 年时间了，笔者觉得研究这样的一个小型企业的创业之路是具有实际意义的，能够为很多的小企业提供新的发展思路，也有益于让服务于小型消费品企业的销售人员学会专业的品牌表达。

其实小众品牌的意思就是个性化的产品。2001 年任先生在上海开了衫国演义的第一家门店。如今，衫国演义早已铺向全国，加盟店近 200 家。成为一个拥有优良的小众渠道和小众品牌的企业。企业通过品牌战略建起了自己的竞争壁垒，所以这么多年以来这家企业一直经营得不错。

中国是纺织品大国，T 恤这种产品实在不是什么稀罕物。创业初期，任先生的想法很简单，以个性化谋生存，为追逐潮流和时尚的人提供物美价廉的 T 恤。企业在只有几个人的时候就组建了设计团队，为每款空白 T 恤设计个性化的图案，用图案将自己的产品和竞争对手区分开来。每一款图案只生产很少的数量，经营者一直想努力保持的是较低的"撞衫率"，曾经有过把一个图案的销售量控制在 400 件左右，还有将一个图案卖 20 多件就销版的纪录。除了经典图案，其余的只要卖出一定数量就会销版。

这个企业的经营战略，是在大众化的基础上做到个性化，所以一开始在市场上就受到了热捧，在企业白领圈子里成了知名的小众品牌。

衫国演义当初定义的目标消费者是 25 岁到 35 岁的年轻人，喜欢时尚，追求个性。企业为了满足这部分消费者的需求，就在款式上、图案风格上吸引他们。在原有的基本款式上，衫国演义开始拓展 T 恤的种类，从最基本的圆领短袖到长袖、潮流卫衣，还推出了自己的 POLO 衫。他们也注意到年轻消费者在审美上的变化，不断地更换 T 恤图案的内容来迎合顾客的价值观和喜好。

中国现有的个性化消费群体的数量在不断的增长之中。值得关注的是，愿意为个性化设计产品付出高价的消费者基数，正在呈现大幅增长的趋势。小品牌培育消费者必然是个缓慢渐进的过程，如何恰如其分地做到规模控制，同时坚持走个性化道路，或许就是这批创业者未来成败的关键。

不管怎么说，衫国演义走的是符合国情的特色创业之路。其实这家企业的成功，本质上应该算是产品表达的成功。在产品向公众传达和产品向消费者交付的过程中，衫国演义企业和所有门店的表达都惊人的一致。跟衫国演义经营者中任何一个人聊天，他们都会提到衫国演义的每一款产品都是独特的，产品是由设计师专门设计的，每一款数量都是有限的，最多只生产几百件。衫国演义是属于年轻人的品牌，自己的品牌价值其实就是个性化和时尚，在大街上极难碰到“撞衫”的情况。次要的表达才是自己的T恤是定制定染的，质量上也是非常值得信任的。

正是因为这种商业传达的一致性造就了衫国演义这个小众品牌。另外还要赘述一句，衫国演义所有门店都已经导入了CIS企业形象识别系统，他们虽然是个小企业，但是他们的理念和运营方式和麦当劳却是一致的。

小企业的形象体现在什么地方？小企业不可能投入大量的资金做广告，对于小众品牌来说，那样做也是不值得的。人际传播和网络传播是最好的策略。

我们之所以说企业形象识别系统是高效的营销工具，是因为大企业能够花钱做广告，将自己的产品理念通过大众媒体传播给广大顾客群体，但是小企业没有那个条件，这就需要在企业经营之中，将每一个沟通机会都变成广告，企业形象的识别是一套信息传播的规范体系，可以使我们的产品和企业形象的表达更加有目标。一旦做成小众品牌，小企业的效益就会有保证，不用仅靠辛苦劳作才能获得点滴收益，员工福利等大家都关心的东西也能够得到保证。

很多销售人员虽然身在基层，但是自己每一次跟顾客的沟通都站在树立企业形象的立场上，也只有这样的沟通，才能强化产品的品牌形象，将每一次传达的机会都变成做广告。这是销售人员对企业的贡献，虽然每一次沟通都只是小事情，但是聚沙成塔，很多小众品牌就是在销售人员和顾客的沟通之中慢慢树立起品牌形象的。

8. 品牌管家，像传教士一样工作

销售人员其实都是企业的品牌管家，品牌企业都有一套自己的独特理念。销售人员要像传教士一样将自己企业的理念传达出去，这是今后企业营销的一个重要课题。

传教，并不是在销售某种有形的产品或无形的服务，而是在传播一种理念，一种信仰。传教士从来不会对你谈及商品和利益，不会跟你有利益上的纠葛，他们只跟你谈你自己，他们帮助你认识到你存在的问题，启发你去寻求解决这些问题的方法，最后让你确信他们正是可以帮你解决问题的人，你自然就会遵从他们的建议来接受他们想让你接受的一切。

品牌管理是一件错综复杂的事情，很多企业没有品牌，却妒忌品牌给其他企业带来的利益，其实品牌维护是一件费心费力的事情。销售人员应该向传教士学习，首先应该学习传教士的心态，每一天只要能工作，就要将自己企业的品牌理念传达出去。传教士把传教当做一个崇高的事业，销售人员也应把销售当做事业来对待；传教士始终认为自己是在帮助众人，为众人带来他们最需要的东西而从不乞求，销售人员也不应该自视低人一等，因为生意不是靠低声下气地乞求得来的，那样做只会向客户表明连你都不相信你的商品对客户有价值；传教士面对无数次拒绝和挫折，仍然百折不挠，保持一颗平常心，销售人员也只有不断克服自己的挫折感和畏惧心理，才有可能坚持下去。品牌传播就是不断地重复再重复，直到自己也以之为傲，深信不疑。

从销售人员的角度去看待消费品销售，销售人员始终都是战略的执行者，品牌的建立已经上升到了企业的战略层次，品牌的建立一旦成为企业的战略，它就会成为一切企业实务的指挥棒，销售人员需要了解企业的品牌战略，在日常面对顾客的销售中，能够精准地传达品牌诉求。像传教一样去做企业品牌，销售人员要像传教士一样工作。企业像创立一门宗教一样去建立一种“属于自己的品牌信仰”，最终通过强大的品牌信仰来凝聚消费者并达成消费。企业与消费者的关系有如传教士和普通的潜在信教者。企业要把自己的“宗教理念”有效地灌输给消费者，让消费者成为企业和品牌的信徒，这才是品牌真正占据消费者心智和市场的王道，是一个永续经营的好策略。但是品牌的创立，离不开企业组织中每一个人的努力。品牌销售的目标就是一直拥有对品牌忠诚或者喜欢的顾客群体，不断地使用人际传播策略去强化品牌。

无论品牌的出身、经历有多大差异，它们的背后都有一种相同的模式在起作用。我们也可以这样说，成功的品牌都是相似的，相似之处便是影响大众消费者的沟通模式。品牌沟通需要有生动的故事性，甚至我们在企业的营销中已经看到了娱乐化的趋势。

销售人员要向顾客不断地传播信念，像传教士一样虔诚地完成自己的使命，信念就是品牌所奉行的核心价值。品牌所拥有的理念都必须建立在这一套核心原则之上。大众品牌或者小众品牌一定要扯上一块流行文化的布料做外衣，销售人员向客户传达的时候需要不断地得到信息反馈，然后逐步微调，使得顾客能够在自己的品牌产品上找到共鸣。

成功的品牌同样追求消费者的整体归属感，希望制造共鸣。要真正做到这一点，唯有利用仪式。在现代社会，这些仪式往往以变体的形式出现。大家看看演唱会追星族的狂热就知道是怎么回事了，销售人员可以设想一下，将演唱会上的明星换成自己的产品，那么我们该怎么样跟客户去沟通呢？

我们不难看出，企业没有适合市场的产品和服务不行，没有得到市场和客户的支持不行，没有优秀的团队不行。只有在竞争中获得优势的企业才可能闯过这一道道的坎儿，最终从利益走向文化，从资本走向品牌，企业才可能获得源源不断的发展动力。

市场营销里有一句话：初级营销做产品，中级营销做品牌，高级营销做文化，超级营销做宗教。这句话虽然大家都在说，不是什么有新意的东西，但是企业经营者要是真的理解了它，将它用到工作实践当中，就能创造奇迹。

能够理解宗教般营销的企业毕竟寥寥无几，超级的营销大家并不多，但屈指可数的几家中一定有苹果公司。它每一款产品的推出，都因其特立独行而独领风骚很多年。

苹果公司从做 Mac 开始，即使是跟 PC 不兼容，也挡不住追随者的脚步，因为苹果电脑更加人性和专业化，所有跟艺术圈有关的人都在使用它；随后一个小小的 iPod，功能只是略微优于充斥市场的 MP3，但就像所有的苹果产品一样，头上戴着光环，代表了酷、不羁和潮流，每个人都置其高于普通产品三四倍的价钱于不顾而对它趋之若鹜。上市数年，每年维持上千万台的销量，世界上任何电子产品都望尘莫及。

苹果公司其实和衫国演义 T 恤品牌的传播策略没有什么两样，所有品牌都要将自己的产品变成故事，将产品变成“酷”，变成“不羁”和“潮流”，这样传达多了，顾客也就真的相信了，品牌就是要喋喋不休地讲自己的故事，直到让顾客听进去为止。

购买苹果公司产品的人，有的是为了证明自己的与众不同，有的是为了证明自己跟随潮流。更有从第一代就开始收集，集遍各种颜色乃至配件的超级粉丝。他们不但自成组织，而且每分钟都为捍卫苹果的声誉与人舌战不休，或是喋喋不休地向朋友宣讲它的好处，其虔诚和执著，跟传教者没什么两样。

销售人员在品牌销售中，要将自己变成一个虔诚的传教士。

第七章　把握每一单
——掌握谈判技巧并积极维护客户关系

1. 跟客户立场一致，合作谈判创造多赢

美国前总统克林顿的首席谈判顾问罗杰·道森说：“全世界赚钱最快的办法就是谈判！”

销售人员和客户接洽了很长的时间，达成合作意向的时候，商务谈判是必不可少的交易环节，大客户营销的商务谈判，充满了唇枪舌剑的表达，在企业利益的博弈中，要获得好的效益，谈判技巧功不可没。

项目营销，也就是我们所说的大订单销售，向来都是理性的。即使有过硬的关系，甚至有哪个关键人物支持，也需要进行艰苦的谈判。

中国太平洋建设集团董事局主席严介和深信，承接市政工程，要先跟市长谈好，再和相关部门谈，这样才更有保障。即使如此，还是要经过复杂的谈判过程。关于商业谈判的作用，严介和说：“‘太平洋经济’说白了就是谈判经济。谈出的效益占75%，也就是75%的效益出在谈判桌上。一二十万人辛苦劳动也就创造出25%的效益。”

严介和的说法可能只是他自己的个人商务体验而已，但他说明了一点，商务谈判是争取效益的最佳场所，谈判是订立契约的过程，谈判桌上的过多让步会造成企业总体效益的下滑。

美国通用汽车是世界上最大的汽车公司之一，通用汽车曾经起用了一个叫罗培兹的采购部经理，他上任半年，通过商业谈判，大大降低了

通用汽车的运营成本。

因为汽车是由许许多多的零部件组成的，其大多数是外包给其他企业生产的，罗培兹上任的半年时间里只做一件事，就是把供应配件的所有厂商请来谈判，他说：“通用汽车公司信用这样好，产品订购用量这样大，所以我们认为，现在要重新评估价格，如果你们不能给出更好的价格的话，我们打算更换供应的厂商。”这样谈判下来之后，罗培兹在半年的时间里就为通用省下了 20 亿美金。

这虽然有压榨供应商的嫌疑，但是这个案例强调了谈判的重要性，所以才会引出文章开头罗杰·道森的话。

但是，我们销售人员做单的谈判不是你死我活的较量，正式的商务谈判总是在开始就会做一个备忘录。说明双方碰到僵局该怎么处理，只有保持合作态度和双赢的态度才能达成交易。如何为共同利益创造选择方案，在谈判中坚持使用双方同意的统一标准。

谈这些对做单有什么帮助呢？谈判是大客户开拓中必不可少的一个环节，而且是最能体现销售人员口才、思辨和综合素质的环节。遵循商务谈判的一般规则，对我们成功做单有着非常巨大的价值。掌握商务谈判进程其实有可以遵循的基本框架。毫无疑问，申明价值，就是申明什么是这次合作双方想要的结果，可以使我们了解谈判双方的各自需求；了解在谈判之中双方可能的妥协点，可以使我们达到双赢的目的，克服障碍，使我们顺利达成协议。

我们的谈判人员有时候还不能真正理解其内涵，买卖双方既然能坐下来谈判，其实就已经到了交易的最后环节，所以到这里更要小心，尽力维护在前期开拓中所积累下来的互信，不要赢了生意，丢了人脉，而应在二者之间找平衡。

商务谈判的过程应该是这样的。好的谈判者并不是一味固守立场，追求寸步不让，而是要与对方充分交流，从双方的最大利益出发，创造各种解决方案，用相对较小的让步来换得更大的利益，而对方也是遵循相同的原则来取得交换条件。在满足双方最大利益的基础上，如果还存在达成协议的障碍，那么就不妨站在对方的立场上，替对方着想，帮助对方扫清达成协议的一切障碍。这样，最终的协议是不难达成的。

在产品和服务的细节满足客户需求后，谈判的焦点就集中在了价格方面，而且其他方面的某些条件在一定程度上可以换算成价格。价格一般是商业谈判的博弈焦点。

对于客户来说，当然是在满足需求的基础上价格越低越好，此时客户就会想尽办法挑剔你的产品和服务来打压价格。在这种情况下，如果你不是唯一供应商的话，也只有适当调价来满足客户的实际或心理的需求。当然，在谈判中不应该出现无条件的让步，应该综合衡量一下你在价格方面的让步可以换回什么。

对于客户而言，和销售人员接触花费了时间和精力，也是有成本的，其需要在一定的期限和金额下采购到企业需要的东西，也是有一种采购压力的。因此，在谈判中，我们应该利用好客户的这种无形压力并结合自身资源来提高成交的可能性，以达到双赢的目的并取得谈判的成功。

2. 善意的让步，条件必须是互相交换

商务谈判就是双方在打牌，看着自己的底牌，也要知道对方的牌，对方打出什么牌，都要有自己的应对策略。谈判的一个重要特征，就是互动。

双方的焦点集中在如何分配已存在的优势和劣势、赢利和损失、任务和责任上。客户得到的越多，企业和销售方得到的越少，双方正好相反。这容易导致一方认为自己是输家，另一方认为自己是赢家，或双方都认为自己是输家。

如果双方没有签备忘录，很可能会为合同的某个条款问题争论得面红耳赤，在谈判团队中有时候会有说话损的人，说半句就能坏很多的事

情，谈判易发展成口角。另外，有时候谈判中隐藏着欺诈和隐瞒这样的事情，会引起对方的不信任感。这在谈判中要极力避免，谈到艰难的地方有时候需要适当地停一下，谈判是理性的商业行为，不需要带有个人的情绪。

销售人员在谈判过程中，最基础的判断是，谈判的每一步是否创造了价值。在大部分企业中，销售人员都是单兵作战的，国内绝大部分企事业单位的管理结构很简单，这就决定了很多身经百战的销售人员对正规的商业谈判不以为然，搞定决策人的过程代替了桌面上的谈判。在国内，关于团队销售，采用兵团式作战的销售方式和思路，许多销售人员终生都用不上，一个医药代表可能不需要知道什么营销理论，也不需要知道什么销售程序和谈判技巧，但是照样可以将业务做得风生水起。在缺乏监督和透明化的行业中，一切的理论和营销套路都会显得老土无用。可能在某些行业内，采购行为只是一种模拟市场经济的行为，本质上是个人寻租交易，但在表面上却是市场经济。

应该这样说，在“摊大饼式”发展的企业丛林里，研究正规的谈判技巧有时候真的不如做一个专门进行暗箱操作的销售人员。在商业上，个人“聪明至极”的投机却可能带来整个社会的道德低下。倒是发达国家的人多数是循规蹈矩的。

着这么多笔墨于国情，其实想说明的是在正规的商务活动之外，还存在另一套商务的模式，其实采用什么样的方式，是我们进入什么行业或者什么企业决定的。比如，宝洁在国内就不可能走这样的路，宝洁虽然做的不是高技术产品，但是却有着不同的卖法，消费者认可宝洁的产品，宝洁的销售人员是靠产品和品牌在做市场，这样的销售简单高效，完全按照市场程序步步推进，攻占市场。

如果我们想留住合作伙伴，如果我们愿意建立长久的业务联系，那商务谈判就要在利益和人际关系之间找一个最佳的平衡点，销售人员得抛弃落后的传统谈判思想，追求双赢的商务谈判，这也正是很多技术型企业发展的趋势。但是，理论上的双赢与现实商务谈判中的双赢，往往具有一条难以逾越的鸿沟，那就是商家都追求自己利益的最大化。

站在销售人员的角度看，其实谈判的主动权不在供应商手里，所以处于这样的市场地位是不利的，显然，在一般的商品交易中，买方具有定价权。在一场谈判中，如果买方的态度不真诚，共赢就是一句空话。以往的谈判都是建立在买卖双方信息不对称的基础之上的，所以才会有买卖双方利益最大化的感觉。客户觉得很合算，销售人员觉得很赚钱。

在信息对称以后，谈判双方其实都无牌可打，有的只是显而易见的现实。对于一般的日常工业产品和民用产品，现在已经进入微利时代，中国微利时代的开启，恰恰是在信息技术特别是在互联网技术充分发展以后。销售人员在商务谈判中赚客户的钱，发展到客户完全知道你的底细，然后愿意让你赚钱。凭什么让你赚钱，个中原因有两个，一是企业的产品确实过硬，甚至不可替代，二也可能是销售人员活动能力强，跟客户有了利益输送，或者二者兼有。

有一家企业是专做纸制品印刷的，专门为国内大型通讯企业提供无纺布袋和纸质手提袋。几年来一直做得顺风顺水，订货量很大，60 名员工三班倒都忙不过来。企业获得了不错的经济效益。后来客户方换了印刷品和广告采购的主管，这个主管是做印刷出身。销售人员不得不和他打交道。

在一单采购谈判中，这个主管将这一单物料的损耗成本算得一清二楚，然后拿着计算器给销售人员看，主管问："你的综合单价成本在这儿，你想从这一单上赚多少？"销售人员一下就懵了，高于成本线都是赢利，但是赢利多少自己已经没有能力把握，一单的利润客户都能算出来，这样的谈判只会让销售人员欲哭无泪。

对于市场地位不利的企业和他们的销售人员，确实已经到了退无可退的地步，企业在这样的市场环境之下，只能是维持生存而已。这种谈判实际上就不是双赢的了。

假如谈判结果只有一方得利，那么损失一方只要退出谈判即可，不要再去理会这个谈判了。实际情况却不是这样，销售人员遇到客户的谈判高手，他不仅在核心利益上占得优势，更是通过一系列包装条款来安慰你，使得你在患得患失之间不知所措。

客户再通过谈判战术，令销售人员对谈判结果逐步接受，最后你也认为包装条款即是你的战利品，安慰心态一旦产生，伪双赢谈判就成功了，但损失方也许要经过较长时间才能品味出其中的利害。上述案例中主管提出了一个利润很低的价格，但是销售人员无法提价，因为对方总是口口声声说“你已经赚了这么多了”。

这种谈判的模式也许在小企业中是占多数的，在混乱的同质竞争中，销售人员不接这个单，其他企业也会接。我们相信，即使让乔·吉拉德来做这样的单，业绩也只不过一般般而已。可怜的企业必有可怜的员工。

客户那边真正的谈判高手，不会把企业和销售人员逼上梁山，而是通过合作，让企业能养活自己，但却很难摆脱他们的控制，好比想活好没那么容易，想死也不可能。销售人员和企业对他们的依赖一天天加深，最终，你的企业成为了一个为另一家企业打工的企业。这是一个高明的策略，企业辛苦劳作最后却只能维持生存。

企业战略环境对销售人员个体的影响是巨大的，它深深地制约着销售人员的个人发展。

处于垄断或寡头企业中的采购人员，不应为得到一个理想的谈判结果而沾沾自喜，而是应感激你背后强大的企业，正如你站在巨人的肩膀上取得了如此成就一样，商业也需要一点人本思想。

销售人员在商务活动中，让步从来都是有条件的，即使没有底牌，也还有人格的坚强。在建立长期关系的老客户面前，如果作善意的让步，条件必须是互相交换。在谈判中让步的原则是：没有回报，绝不让步。

一些销售人员认为谈判总需要有一方作出让步，否则谈判将无法进行下去。这种说法听起来不错，销售人员的让步或许会使对方认为你在表示诚意，但老谋深算的客户绝不会这么看，他们不会被你的诚意所感动，相反，他们会认为你软弱可欺，谈判的态度会越发强硬起来，会变本加厉地来迫使你再次让步。即使在谈判陷入僵局的时候也不要轻言让步，不要认为只有作出让步才会使谈判得以正常地进行。

在买方提出降价的要求时，可以用其他让步方式来代替，比如一定范围内的退换货支持、加大宣传力度、提供人力支援等，尽量避免因价格的下降给企业带来不必要的损失。从买方角度思考，只要在交易中切实获得了更多，那么无论何等方式都是可以接受的。

比如在一次交易中，你期望对方缩短结账期限，你在价格上作出了让步，而对方的让步却是自己上门提货，那么此次让步对你而言是价值的不对等。当你在某方面作出让步时，要明确地要求对方给予你所期望的回报，或者在你让步的条款前加上“如果”二字，假如对方不能向你提供有价值的回报，那么你的让步也不能成立。

销售人员在商业谈判中必须谨慎让步，要让对方意识到你的每一次让步都是艰难的，使对方充满期待，每次让步的幅度都不能过大。尽量迫使对方在关键问题上先行让步，而自己则在对手的强烈要求下，在次要方面或者较小的问题上让步。不作无谓的让步，每次让步都需要对方用一定的条件交换。

销售人员需要了解对手的真实状况，在对方急需的条件上坚守阵地。事前做好让步的计划，所有的让步应该是有序的，将具有实际价值和没有实际价值的条件区别开来，在不同的阶段和条件下使用。

3. 制造僵局掌握主动，合理地运用谎言与诡计

商务谈判其实是一件残酷的事情，只不过西装革履和握手的假象掩盖了这样的事实，谈判桌上的一个让步，可能就会造成生产线上很多人收入的减少。商务谈判，其实就是文明时代的战争。

很多正规的商务谈判也是团队行为，组团谈判的时候，即使销售人员和对方的某一成员有着很好的个人关系，有时候也不能左右局势，对很多大型订单来说，团队谈判正是为了防止因个人利益的关系而导致企业采购体系的不完善。善于私下解决问题的销售人员操作过一次这样的谈判以后就会明白，自己可以搞定某个人，但是却不能搞定对方的整个团队。有些企业具有严格的采购制度，谈判的组员之间也有相互制衡的因素，所以采购制度在很大程度上制约着个人的行为。

所以还是那句话，在商务谈判的时候大家都是理性的，利益的切割是赤裸裸的。

谈判僵局是指在商务谈判过程中，谈判双方对所谈问题的利益期望、立场或观点存在分歧，销售方和采购方都不肯妥协，导致双方形成对峙，使谈判呈现出一种不进不退的僵持局面。僵局出现不一定是重大经济问题造成的，也可能因为一些细微的因素引起，比如谈判一方的强势手段，谈判者的性格、时间压力、权利限制等，也可能是由上述多个因素引起的。

在商务谈判中，谈判双方的实力是不均衡的，如果业务上有很深的契合关系，双方是互利的，一般不会产生僵局；但在多种因素的影响下，谈判双方容易因为各自实力不均而出现相互制约的状况。比如在某个地区，销售方与采购商距离很近，所以能进行比较及时和到位的售后服务，但是也有地区外的竞争者，价格上更有竞争力，但是服务优势是没有的，所以采购方和销售方都有得失之间的算计，以达到性价比的最佳平衡。

商务谈判实践中，一方自认为在某一谈判主题上占有“相对优势”，而自知对手在另一谈判主题上占有“相对优势”，很可能会故意制造僵局给另一方，目的就是给其施加压力迫使其就范。

所以在谈判之中，双方都会利用自己的一些优势制造一些必要的僵局，用自己制造的僵局诉求和对方制造的僵局诉求进行交换，以达到双方各让一步的目的。

这里我们销售人员就需要知道，自己和客户谈判的资本还是来自企业自身在行业的地位和优势，如果没有优势，就会陷于任人宰割的境地，因为在谈判桌上不能拿出自己的东西和客户作交换。

销售人员怎么去制造一点谈判的僵局呢，这就要分析双方的综合因素了。因时因地而做就可以了。

销售人员可以制造一点时间压力，这常常是销售方制造僵局的地方，比如交货压力，供货方可以说自己忙于其他的订单，很难在对方要求的期限内交货，而在客户那里，推迟交货时间也影响客户的赢利计划，所以会给客户心理造成不利的影响。

所谓时间压力有两层含义，一是根据企业经营计划，商务谈判有明确的结束期限，企业间的交易是由一条契约链连起来的，客户也会感受到下游企业的交货压力。是否把时间当做谈判的筹码，取决于谈判的势态发展。对方如果受到谈判时间的限制，很可能受制于对方制造的僵局。承受不了时间压力的一方，往往要作出许多不得已的让步。

运用合理的谎言与诡计，这种策略性的行为在谈判中是常见的。在实际的谈判中，谈判者很可能因为受到谈判权利的限制而使谈判进入僵局状态。因为在商务谈判中，充当谈判角色的往往不是在企业中权力最大的人，当谈判主题涉及企业重大决策的时候，谈判者必然会停下来分析谈判中出现的问题，同时思考破解之法。比如客户的谈判代表说，己方领导已经下达了谈判指标的文件，甚至会提供经过改动的资料，以制造销售方的价格压力。

在谈判过程中对己方的条件，可能对方会当场请示决策层，或者打这个电话根本就是演戏，然后否决对方提出的条件。这作为小伎俩，在谈判中是很常用的。

销售人员需要知道，一般的商务谈判中，销售方在很多时候都处于防守的状态，很少有机会进入进攻状态。所以采购方往往在谈判团队中安插激进者，故意制造冲突和僵局。在实际谈判过程中，采购方为了维护自己的利益，就某一问题会对另一方提反对意见；当自己的意见得不到合理的解决时，就可能制造僵局来迫使对方让步。

这种由激进者发起进攻，然后让理智者处理僵局的情况是比较多的，销售人员需要识破这样的伎俩，当然销售人员也可以采取同样的策略，给客户必要的刺激。

其实，最终僵局都需要被打破，妥协是必要的，但必须在自己的底线之上。打破僵局并不是最重要的，重要的是如何去有效地利用这个僵局为自己带来最大的利益。这里讲的利用商务谈判僵局有两层含义：一是制造僵局，二是利用现有的僵局。在实际谈判中，什么时候制造僵局需要经过深思熟虑，要充分分析在双方的资源、时间、利益等因素共同作用下制造僵局的可行性。

制造僵局是一件操作难度高、风险大的事情。弄不好利益没有达成，还从深处伤害了对方，为以后的合作增添了障碍。

在实际的商务谈判中如何制造并利用僵局，要考虑谈判的环境、立场等多种因素，而利用僵局的策略上也并不一定需要对号入座，有时一个策略可以在多种僵局下使用，有时则需要使用多种策略来有效应对某一僵局。

僵局的利用效果，主要取决于谈判人员的综合素质。书本永远不能代替实践，最多只能提供一些知识性的东西，启发理性思考。谈判从来都是一门艺术，艺术是修炼的结果，所以历练是第一位的。

4. 服务每一单，挖掘老客户的价值

销售人员必须认识到，在积极拓展新客户的同时要不忘挖掘老客户的价值，实现持续贡献率。

美国对于一些行业的调查结果显示，维护一个老客户的营销费用仅仅是吸引一个新客户营销费用的五分之一，开拓客户虽然非常重要，但是不善于深耕老客户关系，一边开拓客户，一边丢掉老客户，这对稳定销售人员的业绩显然是不利的。

调查报告也显示，企业60% 的新客户来自现有客户的推荐，以客户忠诚度的影响尤为明显的服务性企业为例，每当顾客忠诚度上升时，企业相应的顾客净现值将会有大幅度的提高。因此客户忠诚度、老客户价值对企业发展的积极意义，几乎是毋庸置疑的。

营销学之父飞利浦·科特勒也曾描述过一种存在于商业经营中的“漏斗现象”：一些企业不注重客户忠诚度的维护，认为即使丢失了10个顾客，也能通过重新发掘10 个新的顾客来弥补。他指出，获得一个新顾客的成本要远远高于维持一个老顾客的花费。对于服务性企业来讲，这种表现格外明显，就更应当注重客户忠诚度的维护。

能否维护老客户忠诚度，是一个企业是否具有生命力的重要表现，也是对销售人员客户服务能力的一个考验。营销，不仅是销售，还有建立根据地、维护企业生存基础的意思在里面。老客户群体就是企业打下的根据地，一个企业如果把根据地都拱手让了人，那剩下的结局也就可想而知了。

成功的企业多数完成了从“与客户做交易”向“与客户建立关系”的经营理念的转变。当然，维护企业的客户忠诚度不仅仅是一句口号，销售人员要有完善的服务，企业必须有素质过硬的工作团队，为客户提供价值，如果不能为客户提供良好的服务，早晚是会丢掉客户的。

另外，销售人员可以用良好的企业文化和科学先进的管理方式来赢

得客户的好感，从而拥有具有较高忠诚度的客户。其最终目的就是为了实现客户价值最大化，并通过维护忠诚的客户实现企业的可持续发展。

从营销战略上讲，一个企业用于维护老客户关系方面的投入至少应该占到企业营销费用的20%。因为根据企业提升5%的客户保留率会带来25%~85%的利润这样一个原则，企业应该偏重于客户关系的维护与管理，至少应该将客户关系管理同新客户开发作为同等重要的战略对待，所以企业用于老客户关系维护方面的投入至少应该占到企业营销费用的20%，剩余80%的费用用于开发新客户。

销售人员需要将一部分精力和时间分配给老客户。需要经常关注客户的需要，关注客户的目的是增强客户满意度与忠诚度。国际上一些非常权威的研究机构，经过深入的调查研究以后得出了这样一些结论，这些结论是值得销售人员去思考的：如果把客户的满意度提高五个百分点，其结果就是企业的利润增加一倍；老客户和销售人员已经建立了信任关系，所以一个非常满意的客户的购买意愿比一个满意客户高出六倍；在一定的地域范围内，没有老客户的重复购买，企业的发展将会遇到很大的困难，企业也谈不上在目标客户心中扎根；六成的客户流失是因为企业对他们的关怀不够。

在现代企业的经营中，赢得老客户的信赖已成为最重要的核心议题，九成企业的CEO认为客户关系管理是企业能否成功和更有竞争能力的重要因素，所以具有服务老客户的能力是对销售人员最基本的要求，没有老客户的提携，业绩就不能稳定增长。

企业的产品有生命周期，客户同样也是有生命周期的。客户的保持周期越长久，企业的相对投资回报就越高，从而给企业带来的利润就会越大。由此可见保留客户非常重要。保留什么样的客户，如何保留客户是对企业提出的重要课题。

以客户为中心、以价值为导向的客户关系管理是企业寻找商业伙伴的要务。销售人员需要明白自己手中哪些客户为自己的企业提供了发展空间。根据20/80原则，20%的客户，为企业创造了80%的利润。所以对老客户进行分类，并区别对待是正确的做法。

在客户维系的选择上，必须要“势利”一点，商业行为是要出结果的，不能带来利润的客户必须舍弃，我们所言的老客户维护其实指的都是能为企业带来价值的客户。抓住高利润价值的客户是客户关系管理的第一步。

销售人员要有长期维护客户关系的意识。和客户保持沟通的通畅，时常与客户联络感情，让他们体验到合作的愉快。向客户表明长期合作的意向，有针对性地提供一些个性化的服务，最大限度地开发他们的潜在价值。其实留住客户的关键就一句话——让客户高兴，让客户从采购中感到满意，体会到乐趣。

5. 搭建多渠道的客户服务关系

在很多小企业中，销售人员手里掌握着很多老客户，由于一些企业的管理制度不完善，很多销售人员认为只有把握住手里的客户，才能在企业内立足。销售人员离开企业的时候也会将企业的老客户一并带走，在小企业中，这种现象是很常见的。

有的销售人员在积累到一定客户资源以后会离开企业自己创业，这样的创业方式可能是成功概率比较高的，但是对于我们服务过的企业可能意味着某种背叛，如果成功是从背叛开始的，也只能说明一点：人心难测，商场残酷。

企业要防止竞争对手夺取自己的老客户，这是主要的，同时也要防止客户资源过多地掌握在销售人员手里。和知名的品牌企业不一样，很多企业老板都是白手起家，靠自己的努力创建的公司，所以很多私企老板为了保证客户资源不流失，要求销售人员把客户资料都上交给企业，但这样又会引起销售人员的不满而使他们产生抵触情绪，很多重要的信息变得透明化，销售人员的个人价值就没有了，一切变成了企业的公共价值。

在这样的企业里，销售人员和企业的高层就需要在掌握客户资源方面做一个平衡，高层会抓住一些客户资源，销售人员手中也会有一些。这既可以保证销售人员业绩的稳定，也可以保持他们开拓客户的积极性。

作为高层管理者要制定一套既不让销售人员有情绪又让客户不流失的方案，可安排两种销售人员：内部销售人员和外部销售人员。外部销售人员的主要任务就是出去和客户把关系搞好，签下了单子之后，他们把后续工作交给内部销售人员。这样我们就会发现所有的数据都掌握在内部销售人员和公司的手中，即使外部销售人员走了还有内部人员，内部人员走了还有外部销售人员。谁也不能带走客户。

这是小企业客户管理方面的无奈之举。

客户服务在很多企业中起着非常重要的作用。企业之所以能够长期地为客户提供产品和服务，那是因为自己有不可替代的价值，为客户创造了利润，除此之外，任何合作都不会长久，这是企业战略层的事情，但是销售人员必须明白，产品质量的问题是无法用营销手段去弥补的，企业的能力应该有两个衡量的标准，一个是企业的专业能力，一个是企业的营销能力。营销能力是企业生存的基础，没有交换就没有利润。销售人员主要是在企业营销能力这个标准上去做具体的事情。

搭建多渠道的客户服务关系是未来客户服务的趋势，销售人员对应采购人员，企业的高层对应客户的高层，企业的技术专家对应客户的技术专家，建立一种复合的联系。销售人员所搭建的人脉资源可以很容易地进行销售方面的实务操作，签单的程序工作还是需要执行层去做的，企业和客户高层交往可以更好地了解客户的战略需求，也能够预测客户未来的业务布局，调整自己的产品线以适应这种未来的需求，而技术人员可以更好地解决客户在使用自己企业产品方面问题，将事情做到前头。

这种多渠道联系客户的方式就是要像章鱼一样紧紧地抱住客户，深入到客户的心脏地带，然后跟客户保持一样的心跳。做到这一点很不容易，这意味着企业和客户之间不仅仅是一种合作关系，还是一种深度的企业联盟关系。

这种联盟，不是竞争企业之间的联盟，而是上下游企业之间的联盟，或者说是供应商和采购商之间的联盟。由于双方在业务上合作的时间很长，或下游企业需求很大，双方关系非常固定，下游企业往往会提出一些规定化的要求。

当销售人员意识到这个问题的时候，营销就到了战略的层次，用什么样的方式和客户结盟，这取决于企业的能力。

6. 建立稳定的客户关系，用增值服务创价值

生意分为很多种，但是从分类来说，一种是山洪暴发式的；另一种却是细水长流式的。

在网络时代，一切商务信息都是可以运用工具搜索到的，网络和其他信息技术的发展基本上消灭了暴利。所有的暴利都是极其短暂的，创新有时候会取得相对优势，但是由于信息的快速传播，创新的价值也就逐渐被弱化了。销售人员需要面对的是一个微利化的营销环境，这是网络时代经济环境的现实。

微利时代的销售人员如何面对市场呢，这是一个出路的问题，在微利时代，价格战不能再打下去了，企业和竞争对手比着“放血”，看谁先死的残酷游戏已经走到了尽头。

很多企业现在都讲求立足市场，但也要分行业，消费品行业品牌的地位越来越重要，技术产品和工业产品则是技术驱动作用更加明显。现代市场，即使是冷门的工业品，只要存在竞争对手，也很难存在暴利，所以企业仅靠产品利润来支撑企业的发展已经很难了，很多企业都是用产品打进客户企业，然后用自己的增值服务赚钱，通过服务为企业创造价值。

我们销售人员需要了解山洪暴发式的生意是什么，比如一个城市规

划了一条地铁线系统，一个企业承接了所有的监控工程，这种业务多数情况下是一次性的生意，系统的维护是一种保证，而不具备增值服务的性质。这样的生意，赢利主要靠前期，因而很难做成一个可持续的生意。

但现在许多城市居住区的工业净水系统就不一样了，企业销售人员通过和小区业委会或者物业管理公司商谈，将大型净水系统安装到小区，这些净水系统是自己垫资的，企业不是靠出卖产品赚钱，而是靠净水系统制得的净水赚钱。这种生意的特点就是一个小区一个小区地去攻占，一旦企业能够进入，在终端上就能永久或者半永久性地为居民提供服务，他们将每吨3元的普通自来水做成了200元一吨。这是一个长久生意，是细水长流的可持续的业务模式。

企业面临的市场环境其实就是销售人员所面临的环境，因为销售人员不能决定企业的商业模式，商业模式也就是赚钱的模式，但是只有企业的商业模式是对的，有前景的，销售人员才可以顺理成章地做起来。所以销售人员不能蒙头卖东西，知道战略上的来龙去脉，做有战术的销售才能得心应手。

北京一家环保设备企业，专业从事工业有毒油烟的净化处理。企业主要服务于大型机械工业企业，很多大型设备在高速运转的时候都会产生有毒废气。该企业的产品就是将机器设备产生的烟尘收集起来，以保证车间有一个安全整洁的环境。这家企业将设备以一个很低的利润率销售给客户，用他们自己的话讲是，在产品销售环节，只要能维持企业生产部门正常运转就满足了。

这家企业是靠什么来赢利的呢，原来该企业的产品三个月就要换一次滤芯，并且做一次清洗，所以企业有一个很大的清洗服务部门，这个部门的赢利是非常理想的。赢利来自于对客户的增值服务。他们会定期为客户进行车间检测，定期向客户提供检测报告，告诉客户何时需要维护，在这服务过程中，企业和客户已经很好地联系在了一起。

无论从哪个角度来说，企业要发展，企业的客户资源必须要不断积累和发展，销售人员都知道维护老客户在自己工作中的重要性，但是企业的商业模式对于客户的黏性是不一样的，有些设计得比较好的商业模式，我们销售人员一旦做成一单以后，客户就很难再“移情别恋”，这样的销售就变得非常高效而且有价值；有些产品没有黏性，销售人员就不能实现客户资源的积累，这样，作为销售人员，在工作上来看，会始终在原地徘徊，看不到工作的进步。

在互联网时代，想通过“宰”客户获得暴利的企业只能是搬起石头砸自己的脚。短期的赢利不能取代长远的价值，只有设计出比较好的商业模式，然后用服务吸引客户，使得自己成为客户发展不可或缺的伙伴，这样的企业也才能在网络时代赢利。

销售人员也只有认识到服务的价值，才能为企业创造更多的利润。

第八章　解决临门一脚，促成交易落地

1. 摆脱焦虑情绪

作为销售人员，虽然我们常说应淡然看待得失，但是可能说说还行，真的到了涉及个人利益的时候，没有几个人能做到淡然。一个人真的做到在现实利益面前“面不改色心不跳”，那真的是一种境界。

销售人员每次和客户谈到关键点的时候，都会患得患失，生怕自己或者其他不可控因素坏了自己长时间的努力，使自己前期的努力得不到应有的回报。

销售行业是寂寞的，尽管看起来每天风风火火，甚至是花天酒地，但在内心里有着太多的辛酸，越是这样，就越要耐得住心灵的寂寞，不断地修炼提升自己的领导能力和控制局面的能力，自制力是销售人员职业成功最重要的内在素质。不能克服工作不确定给自己带来的痛苦，也就无法体验销售工作冲浪一般的工作快乐了。

对于销售人员来说，交易在就要签单的时候，客户往往就会犹豫了。这种犹豫传递给自己的就是压力。客户突然改变主意的事情一旦发生，就会让销售人员觉得心里突然冷到了冰点，仿佛跌进了地狱一般；在艰苦的努力之下，客户终于顺利签单，销售人员会很兴奋，获得上天堂一般的感受。其实心情反差太大，对销售人员自己也是没有好处的，没有人能够数年让自己心情在冰点和沸点之间不断地跳跃，销售工作确实需要一种难得的平和。

销售人员要努力使自己摆脱焦虑情绪。生意做成了，说明企业的产品和服务得到了客户的认可，销售人员需要认识到，在自己产品和服务处于竞争劣势的情况下，销售不是自己能够完全控制的。

如果销售人员遇到了销售上很棘手的问题，专家建议先在心里给自己打一个预防针，销售人员可以作三种考虑：最乐观的结果是什么？最坏的结果是什么？可能的折中结果是什么？最好的结果是客户接受我们提出的所有要求，马上签下合同，付款，本该他们付的费用他们正常付；最坏的结果是我们接受他们所有的要求，以后不合理要求将更多，或者干脆谈崩了；折中的结果往往是，签下合同，客户付款一部分，某些本该他们出的费用我们也支付一些。

如果销售人员能够做出预案，出现哪种结果都会在自己的思考范围之内，有着相应的对策，也就不会产生更多的忧虑了。销售人员在与客户敲定交易的环节中，最好的结果基本是不会出现的，因为客户占主动，不会全盘接受销售方的提议，折中的结果双方都有台阶可下，而且都是双方可以接受的，最后得以实现的往往也是折中方案。

其实签单是经过很多的步骤才能实现的，碰到问题就需要分析是什么问题造成了订单的流失。如果销售人员直接越过应该有的销售步骤而急于成交，那么他做单失败的概率也会比较大。绝大多数的成功销售都不是一蹴而就的，往往要经过多次反复，乃至多次接近失败的经历。特别是一些复杂的销售任务，经常是几起几落，持续可达数载。在能否成功不确定的情况下仍坚持努力，是销售工作的一个典型特征。

所以韧性是优秀销售人员必须具备的条件，很少有人会对这个观点提出异议。轻易放弃的人难以在销售岗位上获得成功。

2. 找出对方的真正意图

销售人员和客户之间已经做了很好的互动，已经到了该签单的环节了，但是顾客还是犹豫不决，或者找借口推迟交易。这里，我们就要分析造成签单推迟的原因了，我们需要知道客户心中的疑虑在什么地方，然后找到对方的意图，继而制定相应的方案。

这种交易前的犹豫在团队谈判中比较少见，大客户是按计划一步步执行自己的方案，甚至什么时候采购必须完成都已经有了自己的时间表。这样的客户，每个人都必须服从自己企业的总体目标。他们所有的人都围绕一个目标，那就是自己企业能够在这一单当中实现利益最大化。

但是很多企业采购制度不完善，客户方的决策人很可能会有业务之外的其他要求。客户之所以犹豫，是故意的，他会有自己的目的。换句话讲，我们销售人员之所以积极主动，也有一个个人动机的问题，就是业务做成以后销售人员会获得荣誉和个人提成。经验表明动机越是鲜明的销售人员工作越积极，往往能获得越好的销售业绩。如果我们企业的产品和服务有竞争力，而人际关系方面也问题不大，客户的真正意图就比较明显了。在签单的过程中，客户方决策人的个人动机得不到满足是一个问题，有时候即使企业的产品再好，也会遇到这样的问题。

很多狡猾的销售人员会变阻力为助力，设法满足客户个人方面的要求，这样的做法，客户那边的阻力就会变成主动拉动业务的拉力，和销售人员的销售推力一道，在一推一拉之间，交易就完成了。

其实这样的客户是很难深交的，他们目的性很强，很可能竞争对手会用一个比自己大一点的诱饵就将客户夺走了，销售人员和这样的公司合作，表面上没有正规的谈判，实际上有一部分利润都流到客户个人那儿去了。

在国内，在临签单之前，客户个人故意拖延成交时间多数都是上述原因。当然企业采购的因素是复杂的，可能有财务方面的原因，也可能客户那边同时谈了几家供货商，他们在几家之间作一个权衡，选择多了的时候，客户就会犹豫不决。其实这也是正常的事情。

如果客户购买你的产品，一定出于两种原因，一种是你的产品好，能满足客户的物质、精神及实际需要；另外一种则是你的产品能够给客户带来实际经济效益。所以寻找到客户的真实意图不是难事。销售人员完全可以安排一次非正式的见面机会，一对一地问客户到底还有哪些顾虑，是个人的原因，还是出于对企业服务的担心？首先，销售人员需要给客户一颗定心丸，同时也能了解客户的真正意图，然后调动企业的资源来满足客户。

任何商业销售中的客户，都是带着双重动机的人，个人动机和商业动机，这双重动机互相交织，形成了纷繁复杂、因人而异的客户真实意图。如果销售人员不具备把握客户真实意图的能力，总会觉得有一堵墙横亘在自己和客户中间，用什么技巧都难以突破，但如果学会观察，把握了动机，就会发现这堵墙突然消失了，复杂的变简单了，销售人员的智慧喷薄而出，其他技巧和知识都能被灵活地运用。

同时销售人员也需要清醒地认识到自己的性格特点，认识到自己的销售风格和销售局限，扬长避短，实现临门一脚，快速签单。

客户的真实意图需要揉碎开来慢慢分析，客户在意的无外乎产品性能、服务、品牌、激情这四个内容，如果你与客户的交流不能带给客户这四个方面的价值，那么客户肯定不愿意和你交流，说到客户需求，那么我也顺便说说客户付出，客户付出主要是价格成本、交易成本、维护成本、心理成本这四个方面，当你与客户的交流让客户感受到得不偿失时，那么订单就不可能签成。

不仅要发现客户的真实意图，也就是购买的动机，销售人员还需要挖掘客户的动机，培养客户的动机。这都是销售人员重要的工作内容，我们要站在客户的角度考虑问题。销售工作，本质上就是如何更好地为客户提供服务的工作，你明确了这个观点，也能从具体的操作中去分析和思考，就能够解决工作中出现的任何阻碍订单实现的问题。

3．首肯对方的观点，专业地给予解答

客户在落笔签单之前会有一些犹豫，销售人员一定要注意客户心理方面的微妙变化。

很多能称得上大订单的商业交易，往往涉及到比较大的金额，客户作决策也是到了一咬牙的地步，要知道，客户每一个决策也是战胜自己的结果，客户的钱也是来之不易的。在商场上，每一次商业决策都带有赌一把的意味，在这样的矛盾心态之下，与客户在落笔签单之前的交流和沟通就显得尤为重要。

客户心里也时刻在不断地患得患失，在不断地权衡着。所以作为销售人员应该在语言上避开客户的担忧，而是更多地描绘签单后的美好场景。比如，自己的产品使得客户的生产能力扩大了两倍，提醒客户最头疼的问题解决了，下一步一定要加强营销队伍建设，将客户的心理引向积极的方面，客户一激动，单子就签成了。

在签单的关键时刻，聪明的销售人员在沟通中还要尽量不增加客户的心理压力，因为客户签单以后，很可能会面临短期的现金流的压力。所以在这个时候客户提出自己的要求和观点的时候，需要销售人员的肯定性的回答，客户在产品上提出的顾虑，需要销售人员进行专业的解答。

其实不管是大客户销售还是现场零售工作，肯定客户的观点是销售人员的常识，没有人愿意与客户争辩取胜，然后失去订单。

临门一脚促订单，此时和客户之间大的问题和异议肯定都已经谈完了，签单之前客户可能会突然想起哪个细节还没有谈及，很可能会在最后提起，甚至还会用补充协议的形式给予确认，销售人员需要肯定客户对细节的关心，然后尽快地帮助客户克服担心的内容，尽快做好内部的协调，在最短的时间之内满足客户的需求。

顶尖的销售人员告诉我们，在沟通过程中最好不要轻易地否定客户

的看法，即便对方吹毛求疵，你也要让他把话讲完，并且认同他，让他感觉你是他的知己，让他喜欢你，信赖你。这样，你才容易说服对方，至少这种方式不会给人强词夺理的感觉，也比较容易掌握对方情绪。面对挑剔的客户时，最好听他静静地说话，等他都说完之后，在认同他的意见的基础上，再表达你的高见，这样比较容易得到你想要的结果。

每到这个时候，销售人员的专业度显得非常重要，其实顾客愿意跟你下订单，恰恰是冲着企业的专业度去的，这就是我们推崇顾问式营销的缘由。对于销售人员来说，懂人性，善于揣摩客户的心理活动当然是不可或缺的能力，但是专业能力也是非常重要的。要知道，客户在关键时刻谈到专业的细节问题，有时候恰恰是对企业服务能力的怀疑，是因为销售人员在和客户沟通的时候给予了模棱两可的回答。

面对客户签单之前的疑问，销售人员的回答一定要肯定和专业，确实要有一种大包大揽的勇气，否则连自己都不相信自己，客户如何才能放心得下？在客户患得患失的情况之下，就要向客户摆明利害关系。

首先谈保证质量，如果对方还在价格上不痛快，那么就要说清压价的结果是什么，就是己方利润的减少，同等技术条件下，要收回损失就会使用其他的配件和原材料，所谓一分钱一分货。产品质量优良，这里靠的是企业对自己生产流程的自信、产品质量的过硬。只要你的东西是最棒的，是有社会基础的，那就能笑到最后。

销售人员要让客户知道，自己是准备和他们结成伙伴的，要真正做到客户关系的长久，不是因为你的态度，而是你要保证客户赚钱，而且是保证其长期的利益。所以在企业的发展过程中，既要保证自己的利益，又要尊重客户利益，与客户实现利益上的双赢。一个企业的发展，只有在充分考虑客户利益的基础上，才能使自己的利润最大化。如果有损客户的利益，即使态度再好也会被淘汰的。

只要你的东西是价廉物美的，客户能赚到钱的，就是你打他他还是会来找你的，因为这是为他好，当然这里不是真打。

这种坚决的态度在临门一脚的签单过程中很重要。

4．从质疑中挖掘出客户的更多需求

在销售过程中，客户对销售人员提供的产品或者服务不满意，提出了自己的质疑，其实这不是坏事情，这里面包含了客户的很多潜在需求，我们需要引导客户慢慢地将自己内心所要的东西描绘出来，我们才能量体裁衣式地为他们提出可行的解决方案。

大多数销售人员对于客户的质疑都抱抗拒的态度，而且很多销售人员一次又一次这样做，试着擒住它，践踏它，或者驳斥它。专家的意见却不是这样，他们建议要像一个最专业的销售人员那样，把自己当做这一领域里的专家。如果你能够用专业的方式辨别并克服真正的质疑，你就是专家。

如果客户很仔细地提出自己的质疑，挑战销售人员陈述的信息，要求更多的证据，这说明他们愿意在你身上花更多的时间。如果他们没有兴趣购买，谁会这么做呢？不要一遇到质疑就感到气馁，相反你应该平静下来并感到轻松。客户提出质疑，实际上是允许你留下来，将质疑的疑点解决，这样就往签单环节走近了一步。

其实客户的质疑很正常，每个企业的业务模型都不一样，有的企业以长单为主，有的企业却以小批量多品种的产品生产为主。我们销售的产品不一定完全符合客户的需求。销售人员有必要告诉客户什么样的方案是最适合他们的，客户提出的质疑实际上就是客户需要解决的问题。能够解决问题就能够为自己的企业创造价值。其实，专业级的销售人员往往能够在客户的抱怨声中找到机会点。

美国的一项调查，对所有提出质疑的客户和没有提出质疑的客户有一个规律性的总结，提出质疑的客户，他的销售成功率为64%，而没有提出质疑的销售成功率很低，只为54%，所以我们要知道客户提出质疑那是他在关心企业的产品，关心销售人员本人，客户在向你传达一种信息，就是客户对于认知、情感和利益某一部分还没有全面了解，你作为销售人员做得还不到位，客户在告诉你还有一些东西你没有对他说清楚。

客户往往仅仅是自己领域的专家，对于其要采购的产品不能透彻了解也是很正常的，有时候客户关心的东西恰是我们认为不重要的地方。所以销售人员需要跟客户慢慢地讲透。销售人员对质疑进行排序，分清哪个是真质疑哪个是假质疑。我们都知道质疑有真有假，其实大部分都是虚假的，你要有能力把它们分辨出来，销售人员需要知道在所有的这些质疑里面最重要的是哪一项，对方会把他认为最重要的真实质疑告诉你。销售人员给出专业回答就可以了。

这其实是一个沟通效率的问题。销售人员前期沟通不透彻造成客户后期签单不爽快。

5. 举例说明，事实胜于雄辨

我们说，销售人员不仅需要一张嘴，同样也需要一支笔。

面对客户的疑虑，迟迟不肯签单，我们必须拿出足够的资料来打消客户的疑虑。面对客户的疑虑，销售人员最好不要空口说白话，或者做空口承诺。客户方也是老到之人，他们不是销售人员一顿激情说明就能马上付钱的。客户真正需要的是成功的例证。

某洋快餐在国内找加盟商，客户想要加盟的时候，负责加盟的市场部人员会给潜在客户一份详尽的客户运营报告，数据明明白白地告诉客户，加盟该企业，92%的客户都是赢利的，客户平均回收成本的时间为5. 5年，在收回成本以后，客户就可以获得一份毕生的事业，企业的管理服务公司会在今后几十年甚至更长的时间里一直为客户在经营细节方面保密。

报告还重点分析了8%的客户不能赢利的原因，比如因为选址后遇到拆迁因素，或者是不能按照管理服务公司的要求，损害企业的统一的品牌形象，因而被企业取消了加盟资格等。客户运营报告列举了详细的员工培训计划。对于加盟商的退出机制也进行了详细的说明。而且该市场部人员告诉你，数据是可信的，是企业委托第三方专业审计和调查公司做出的。

我们不知道客户拿到这样一份运营报告后会有什么感想，客户关心的问题企业已经全部帮着想到了，客户没有想到的问题企业也帮着想到了。这样，市场销售人员和加盟商沟通起来根本就没有那么费劲，事实如铁块一般就摆在自己的面前。销售变得直接明了。

我们不得不思考这些企业顺利在国内市场攻城略地的原因，有些企业所在的行业不是高科技行业，但是这些企业一样在国内市场如鱼得水，获得高速成长。我们不得不说，这些企业已经把中国市场上所有与之有利害关系的消费者和伙伴都研究透了。

事实胜于雄辩。

我们销售人员手里除了自己的产品推介书，好像再也没有什么其他的翔实资料了。可能很多企业也不敢将自己客户的案例列举出来，因为大部分客户在使用产品和服务的过程中满意度很低，所以拿出来会搬起石头砸自己的脚。

但是如果条件允许，销售人员就需要向客户提供产品推介书之外的客户研究报告，成功的案例可以增强客户对自己企业的信任。企业能够帮很多客户实现赢利，只要购买其产品就能赢利，这是一个很简单并且连贯的逻辑思考过程。

将客户的案例作一个详细的剖析，在使用前客户是什么样，在使用后客户是什么样，在使用后多长时间客户获得了多少收益。提供的资料越是详尽，越能显示企业在客户管理和客户服务方面的成就。既然在前面已经有 99 家成了，自己作为第 100 家用户也不是个例外。至少，成功的概率会很高。

销售人员要将每一次与客户进行洽谈客户所关心的问题都罗列出来，提交相应的书面报告，而不仅仅是口头应诺一下就完成了。与客户接洽，在私人场合要显示自己的个性和亲和力，在正规的商业洽谈中一定要显示自己的专业形象。

销售人员做的客户案例报告是可以多次使用的，只要下一次工夫整理好，统计好，以后所有的客户都是可以用得上的。销售人员在不断的客户开拓中不断填充自己的案例库，不断地将客户的问题解决方案实例化，推进客户开拓和客户服务的标准化。而推进营销工作的科学化正是新一代营销人需要努力的事情。

6. 控制成功前的冲动情绪

面对客户签单的手，不要喜形于色。最好的策略是哭丧着脸，夸赞客户精明过人，是商场上的高手，自己甘拜下风。

商场上会有一些诡计，这和战场上有些东西一样。一单做成，撤退的时候需要在战场上留下一些锅灶，说明自己是被对手杀得丢盔卸甲。要做出一个表象，每一次，都让客户感觉自己赢了，让他们获得成就感，感到自己和企业获得了实实在在的利益。

这是一个销售心理的问题。如果客户留下这样的感觉：让你在这一单上赚大发了，那恰恰印证了自己的无能，客户心里会有被愚弄的感觉。除非是一次性的生意，否则到下一单的时候，销售人员肯定会付出代价。商场之上的博弈一定得小心翼翼，一不小心损失的就是真金白银。

喜怒不形于色，这是个人修炼的问题，销售人员本身就需要很强的自制能力。

销售人员在销售的过程中，一定要保持理性。有些客户老奸巨猾，往往会在签单的瞬间跟销售人员提出一个过分的要求。如果销售人员处于特别渴望成交的状态，就会在一时冲动之下落入客户的圈套。结果在签单以后会发现自己处于难以履约的尴尬状态。

销售人员必须时时注意订单的陷阱。时刻保持清醒，对于客户提出的问题必须立即厘清问题的性质和对业务全局的影响。在团队的谈判中这样的问题不会产生多大的影响，因为即使有人倾向于顺从客户，但也会让客户以相应的条件来交换。所以，单人签单更要小心谨慎才对。

在销售过程中，销售人员要学会用各种沟通技巧让客户产生冲动的购买欲望。关键时刻需要不断地引导客户，启发客户作出购买决定。

销售人员在工作中，审阅订单合同是必不可少的工作内容，而有些内容是在审查合同时必须注意的：忌合同文本不能确保交易合法；忌交易风险不可控，己方权益缺乏保障；忌不能保证己方实现交易目的……

对于合同文本，销售人员最好要逐条研究，如有可能，最好是己方出示合同文本。

对于大客户销售来说，销售订单的签订往往是水到渠成的事情。销售的推进是有步骤的行为，不存在冲动的说法。复合型的决策不是一个人头脑发热所产生的，客户上游、中游和下游有一个完整的契约链。客户采购部门有完整的比价系统，有些企业甚至还有专门的比价员，对销售方提供的产品质量、价格和企业综合供货能力有一个科学的评价体系。这种科学的管理体系可以省去很多的“人治”因素。采购人员所有的采购记录均是数据化的，这也杜绝了被销售方要价过高的问题。

国内小企业信用的普遍缺失，使得销售工作充满了陷阱，销售人员首先就要明确一点，不能为做订单而做订单，不能为完成一个数字而做订单。销售人员需要的是为企业创造价值，同时向客户提供最好的服务。

销售人员克服冲动，一个是靠自己的素养，一个是靠企业营销管理的制度化。销售人员必须明白什么是自己可以决定的，什么是自己不可以决定的。虽然是孤军作战，但随时都要向企业请求相关的支援。

不管销售人员是感性的还是理性的，这都不重要，重要的是有好的制度，制度化的东西会让人不在做事的过程中丢失自己的目标。

7. 不到万不得已，不能“免费试用”

销售人员必须明白一点：生意千做万做，亏本生意不能做。

管理有中国式管理，销售有中国式销售，不过将它们放在全球的视野里，基本上都是野路子。如果用工业革命来作比喻，我们很多的小企业营销还处于“小作坊”式生产的状态，但是很多国际企业的营销已经处于“大机器”式生产的状态了。两者的区别还是出于管理工具使用的不同。

在销售人员开拓客户的过程中，有些客户会提出免费试用产品的要求，对于复杂商品和成套设备这种高价值的商品，这种要求显然是不合理的。试用不是一种合作精神的体现，免费拿到的东西没有人会稀罕。客户没有为此付出相应的成本，他们就不会珍惜销售方的真诚努力。在商业上，企业总是拿有限的资源去做无限的市场，销售人员做出的每一单如果不能为企业带来利润，那就是一种罪过。

对于有形的商品来说，任何免费试用的行为都是对企业利益的侵蚀。所以销售人员对于客户的要求不要轻易答应。国内最大的电子商务网站阿里巴巴上的绝大部分商户，对于客户索要样品的行为都是要求收费的，而且会收比零售价更高的价格。这样做是符合商业原则的。

对于有形的商品，任何活动都会产生成本，所以用有成本的东西去免费培养客户群是不现实的，也不符合商业逻辑。化妆品品牌企业多数都有自己忠实的客户群，他们有时候推出新产品时会向老客户赠送一些小包装的新品，让顾客免费试用，这种惠赠，其实是一种广告促销，而不是一种免费试用的策略。

所以对于销售人员来说，不到万不得已，不要使用让客户免费试用的策略，而要设法鼓励客户给自己下一个小单，然后在使用过程中评估自己的产品。

其实能不能免费试用，这还是要看企业的商业模式设计。软件商品的销售模式就和有形商品不一样。软件一旦做成以后，复制和生产成本趋向于零成本，所以很多软件企业都会推出免费版，或者对盗版市场采取睁一只眼闭一只眼的态度，用这种方法培养大量的用户，然后他们在大型用户中推广正版软件，或者发展专业用户，向他们提供专业插件，将他们发展成为付费的用户。

腾讯 QQ 用户都知道，QQ 软件是免费的，个人账号是免费的，但是当商业人士用 QQ 在网络上大量发布信息，而商业信息用户通过这个 QQ 号找上门来的时候，QQ 号这个免费的东西就成了一个虚拟的资产。为了防止号码被盗取，很多人申请了会员，成为付费用户，腾讯也为会员提供了更大的交流群和空间服务。QQ 用户数量极其庞大，所以只要很少一部分人掏钱，聚集在一起就会有极高的商业价值。

对于销售有形商品的销售人员来说，就只能望洋兴叹了。软件被下载 1 次和 100 万次，其成本并没有变化。而销售人员不可能到处发样品，因为每一件样品的发放都会给企业带来负担。但是网络软件的销售告诉我们一个很值得借鉴的经验，就是信息是免费的，可以无限制地传播。所以销售人员一定要学会大量地发布网络信息，吸引高质量的客户前来咨询业务，达成交易。

在网络时代，免费是一种策略。

在传统的生产领域，有些行业也可以用这种免费的策略，但是这肯定是因企业和客户而异的。我们知道焊接时产生的臭氧和其他有毒烟尘对人体有害。所以有一家设备生产企业就专门做出几台设备样机，免费送到相关的工厂内试用，用于吸取狭小空间内焊接产生的臭氧和烟尘。工厂在使用之后环境大大改善，所以就会出资购买相关的设备，给每个焊接的机位提供一台这样的设备。结果一个工厂就能订出几十台这样的设备。正是使用这样的销售策略，这个企业获得了很好的经济效益。

这样的策略算不上高明，只是为了培育市场才不得不为之。在环保和劳保的要求下，这种产品的使用普及的时候，免费试用的策略就应该退场了。

免费试用的策略可能在新产品的销售中占到一定的比例，对于其他的商品，免费不是个好策略。

8. 掌握性别特点，感性促成交易

很多销售人员说，最怕在商场上碰到女人，因为女人可以不讲章法，说过的话可以不算数，心情时好时坏，实在不好把握。

这当然是个笑话。

说到男人与女人所要求的东西不同，专家概括为："女人要的是一种稳定的保障，而男人要的是被他人尊重。"如果说到商场上女人与男人的区别，特别是女强人与男人之间的区别，不仅是因为女性与男性有着根本的区别，而且还与商场上的特点有关系。

在商场上，女人们能站稳脚跟，甚至赢得一片天地，与她们在工作中把自己看做无性，或者是自称哥们儿的中性情结有关。更进一步讲，当商场上一个女人不仅具备了女性的特质，同时又有意克服女性的弱点，努力兼容男性的强项时，她们在商场上会做得更好。

无论承认与否，任何时候、任何一个角落，都没有绝对的公平；即使说是公平，也是相对而言的。在全世界男女不平等的环境下，特别是在以男人为主的商场上，女人要想有一席之地，要想成为成功的经营者，她必须要比男人更努力、更有才华。因为在竞争的世界里，靠姿色只能使别人产生一时的好感；在一个成熟的社会里，在健全的经济制度下，没有实力、魄力与远见，终究是难以长久成功的。

销售人员需要知道怎么去跟商场上的女人打交道，需要明白的一点是：多数女性判断靠的是直觉。有句话说明男人和女人思维方式的区别很有意思：女人是不假思索选择正确方案的人，而男人是深思熟虑，然后选择错误方案的人。

女客户靠本能做出的反应不是说完全没有根据，但女人的本能往往是没有根据的，或者说只在情感方面特别敏锐。但是男人的本能更多得益于综合的训练，很大程度上还是靠理性。比如说一个训练有素的跨栏运动员，他可以在只靠本能的情况下很轻松地越过这个障碍，这说明能力和判断力是长期训练的结果。

销售人员需要把握女客户的特点，也许印象对于女客户来说更加重要。外表形象和着装细节都要进行细心打理，因为女客户正是通过很小的细节来观察我们的。给女客户留下好感比给男客户留下好感更加重要。

如果女客户总是对某一个细节提出异议，销售人员不要奇怪。她们可能就会从产品的某一个瑕疵，得出不好的结论。所以销售人员一定要把握好细节。

对待女性客户，销售人员需要表现得感性一点，在交谈中也主要围绕着细节展开，女人天生就对宏观的东西不感兴趣。说说政治不如说说手包和香水，跟女客户交往，每次拜访不要忘了带点可爱的小礼物。销售人员表现自己的真诚，不能光靠嘴皮子，还要靠给客户精心选择的小礼物。

不管怎么说，女性客户在情感方面更容易被感染，对于出色的产品陈述更容易接受。在消费品领域，女性消费者已经取得了主导地位。所以销售人员必须很好地研究女性的消费心理。

在男权社会里，做一个出色的女人很不容易。一个女性能够当上采购经理，销售人员一定要小心。能得到这个职位，说明她的能力超越她很多的男性同事，与她进行价格谈判或者其他的合作往往需要花费更多的心力。

在女性客户面前，男性销售人员不要表现得唯唯诺诺，因为在女性客户眼里，你首先是一个男人，然后是一个销售人员。在女性客户面前，我们需要表现出更多的自信，将更多的事情想在前面。一个什么难题都不在话下的销售人员很容易和女性客户相处。有个销售精英的一句话值得一说：哄老婆的那一套用在女客户身上一样有用。

销售人员需要了解一些女性心理。在家里，家是安全的港湾；在事业上，她首先想到的也是安全和可靠。从这两个视角去判断女性客户，并且找到相应的应对方法，就一定能够说服客户，尽快完成订单。

第九章 打造每一单——做单的程序和技巧

1. 强调产品的优势

如果说销售人员做大客户需要综合素质的话，那么做小单和现场销售则需要销售技巧。其实就销售技巧而言，不管是对街头小贩还是对国际企业的CEO，本质上并没有区别，都必须符合商业的本质。

专业销售技巧的概念来源于美国销售心理学家斯特朗（E. K. Strong）撰写的《销售心理学》。该书写于20世纪20年代，其内涵一直随时代发展不断变化，始终与市场同步前进。可以讲，他是研究销售技巧的鼻祖，国内销售技巧类图书没有不借鉴这位大家的研究成果的。所以如果要寻找知识，就去寻找知识的源头。

专业的销售过程包括：充分的销售准备和目标设定；成功开场，引起并维持客户的注意，赢得客户的信任；通过提问获取客户关键信息，并观察对方的肢体语言，发掘他们的关注点及购买动机；应对客户的反对意见，理解应对的基本原理和有效做法；识别购买信号并懂得适时地要求客户承诺，达成协议。

斯特朗对销售的过程总结得非常经典，他的研究是建立在大量的销售人员的实践基础之上的。不过，这些研究到了国内之后就成了单纯的语言技巧，其实任何销售都离不开产品这个用来进行价值交换的东西。企业战略管理大师迈克尔·波特曾经说过，西方企业关注的是产品从哪儿来，产品到哪儿去；中国企业更关注的是钱从哪儿来，钱到哪儿去。

不重视产品和技术积累，喜欢玩概念，这种轻产品、重营销的经营策略很难造就一个百年企业。

成熟的企业必然有成熟的产品，这一点是我们销售人员做营销之前必须要辨清的一个铁律。没有优秀的产品就没有优秀的销售人员。不重视产品本身，而善于运用人际关系的潜规则和技巧，在市场封闭的时代是有价值的，但是在网络带来信息透明化的今天，这种销售方式已经越来越不适应市场的要求了。

正是不重视产品的价值，所以很多国外行之有效的管理策略，以及销售技巧类的系统知识，到了国内就变成了毫无价值的空洞理论。这也难怪，一个装甲车的发动机装到牛车上总是显得很怪异。科学化、标准化、逻辑性和系统思维从来就不是我们小企业管理者所追求的，我们还会看到农业文明在向工业文明和信息文明匍匐前进的场景。

重视产品，重视创新，为客户创造价值。没有出色的产品，销售人员怎么能做一单成一单呢？

本书不站在企业主的立场，也不站在销售人员的立场。对销售人员来说，在将自己的青春和生命投入到为一个企业的工作中之前，一定要搞清楚：这个企业的产品是否是成熟的，是否有自己的独特性在里面，是否能够为客户提供价值。如果产品不行，那么写在墙上的任何口号都是在扯淡。

如果产品没有优势，那么销售人员怎么样去强调产品的优势呢？从来没有见过产品糟糕的企业中能够出现顶尖的销售人员，除非带有欺骗的成分。

销售人员必须明白：我们的部门只是企业整个运营流程中的一个子系统。如果没有整个企业的良性运转，作为企业的一个部门也不可能出奇迹，没有企业整体的协同，就没有销售人员销售的高效率。

销售人员如何跟客户强调自己的优势呢，如果是品牌产品，向客户传达品牌的理念是我们不可推卸的责任。品牌的理念不需要创造，只需要重复。

销售人员对于任何品牌产品，只强调产品的质量是不对的。因为客户对品牌的认定表明他首先已经认定了产品的质量，高质量对于品牌而言是一条底线而不是一条高线。品牌产品需要强调的是品牌所附带的虚拟价值。客户一方面在乎品牌文化，另一方面也会在乎是谁在购买这样的品牌。

产品的成本、交货速度、交货的可靠性等等可能是订单赢得要素，也可能是订单资格要素。质量在某些时候是订单资格要素，而在另一些时候会变成订单赢得要素。随着时间的变化，订单赢得要素与订单资格要素可以相互转化。营销部门必须把属于订单赢得要素与订单资格要素的因素分析清楚，并且明确传达给运营部门，以保证运营战略的有效性。

超级竞争条件之下，销售人员需要把一线的客户意见不断地反馈给企业的战略管理部门。针对顾客价值作出最快速的应对。

斯特朗的观点是先要观察客户，不要急着向客户卖东西，了解客户信息以后，再从客户的期望中提出自己的方案。客户在乎质量，就跟他们强调质量，如果是集团用户，就可以在产品方案中放进高质量零配件和核心元件，让客户为质量方面的要求埋单。

但是产品的优势有时候并不在产品本身，现在很多管理得好的企业都是采用精益生产的方式。保持最好的现金流、最少的库存。如果是本地供应商，销售人员完全可以向客户提供这样的信息：本企业能够保证产品的质量，并在快速交货和生产柔性方面具有无与伦比的优势。

客户在乎的产品价值，就是我们销售人员需要强调的产品优势。

2. 问对问题赚对钱，让客户亮底牌

问对问题赚对钱，明白客户的需求才能有效销售。

销售人员要了解销售是什么，我们也许首先得明白销售不是什么。销售不是解说商品，因为你根本不知道客户的需求是什么。销售不是与客户辩论、斗嘴，客户要是说不过你，可以用不买你的产品来赢你。

随着市场的成熟，靠产品的物美价廉销售不再是最好的策略，能够成功销售不是因为我的东西最便宜，如果东西因为便宜而被卖掉，这是企业生产管理有效控制成本的功劳，不是销售的努力。试想一下，销售人员若没有便宜东西可卖，该采取其他什么样的策略呢？和竞争对手打价格战不是个好主意。销售不是口若悬河，让客户没有说话的余地。没有互动，就不可能知道客户真正的需求，销售不是只销售商品，因为只有客户对销售人员有了好感，才会信任你所说的话。

销售当然也绝不是投机取巧或灵光一现，销售应该是一个发现、发掘、引导和满足客户需求进而达成交易的过程。从大处着眼，销售应该理解为一种以解决问题和成交为目的的沟通，从而与客户建立合作伙伴关系，实现共赢和共同成长。

对于一个专业的销售人员而言，斯特朗销售技巧是必须具备的最基本的技巧。在这个销售技巧中，首要的就是与客户建立联系。与客户建立联系的目的是为了更好地了解客户的需求，做到知己知彼。

实践证明，如果销售人员与客户之间并未建立任何关系，客户就不会轻易把他的需求告诉你。换句话讲，只有你与客户之间建立了一定的关系，或者客户对你有一定的信任，才有可能把他的需求告诉你。因此，如何建立客户对你的信任，是销售人员首先要了解的问题。对销售人员来说，这不是一个陈述的过程，而是一个启发和引导客户的过程。

获取客户信任，建立联系，实际上就是使销售人员与客户之间的关系由陌生变得熟悉，由熟悉变为朋友，我们知道，进入一个新公司后会有很多陌生的同事，但时间长了以后大家自然而然便熟悉了。熟悉客户的方法其实也非常简单，就是多去拜访客户，拜访的次数多了，自然就与客户熟悉了，也会或多或少增加相互间的信任。

很多销售团队都希望招聘兴趣广泛、各种活动都能参与的销售人员，其目的非常简单，即这样的销售人员更容易同各种各样的客户成为朋友。如果一名销售人员与任何人在一起的时候都能很快找到一个共同兴趣，并且对这方面的了解程度甚至常常超过客户，那么他无疑会拥有众多朋友般的客户。当然，要做到这一点并不是一件容易的事情。

共同的兴趣可以使你成为客户的一个朋友，这也是所有的销售人员所追求的目标。目前，大多数销售人员和客户之间只停留在熟悉的层次上，例如一起参加一些活动，如吃饭、看电影等。吃一两次饭，你和客户之间的熟悉程度可能会有所加深，但是要从熟悉变成朋友，达到一个质的变化，就必须开发出你和客户的共同兴趣。所以销售人员要注意，一定要抓住客户的兴趣所在，多做客户感兴趣的事情。

总之，一句话，先做朋友后做单是很好的销售方式，在理论上它和斯特朗的销售技巧是吻合的，人性都是一样的，人性也不会改变。向后推 500 年这样的销售方式也不会落伍。

与客户接触，销售人员要显示出积极的态度。实际上，客户都愿意与积极的销售人员做交易，而不愿意和消极的人沟通，因此，销售人员一定要表现出积极的态度。与客户会谈一定要引起客户的兴趣，一旦客户对你的话题没有兴趣，他就会对谈话的内容及销售人员本人产生反感情绪，所以一定要时刻观察客户的注意力和兴趣。你可以看着客户的眼睛，当他的眼神飘忽不定的时候，说明他对你的话题已经产生了一定的抵触情绪或者失去了兴趣，那么你就要找出新的、可以调动他兴趣的话题。销售人员要设法使每一次与客户之间的交流都成为一种对话的过程，其目的是要让客户多说。

很多销售人员，见到客户以后就不厌其烦地说，在他描述产品之后客户却总结了两个字“不要”，这便是非常不专业的表现。销售人员要学会运用启发性的问话，可以用提问的方法引导客户去说，使之成为对话性质的拜访。作为一个销售人员，在和客户交谈的时候，一定要主动控制谈话的方向。因为拜访客户是销售人员的工作，必须精心控制谈话的方向，使谈话朝着对销售有利的方向发展。千万不要让客户左右谈话的方向，无意间把话题带入对销售很不利的方向。

销售人员需要注意的是时时刻刻和客户保持相同的谈话方式。这样会让客户感到非常舒服，愿意多说话，销售人员本人也会感觉到舒服。

比如说语速，有的客户说话快，有的则慢一些，那么销售人员就要从语速上保持和客户相同，这样客户听起来会感到舒服。

我们可能都有过这样的经历：与一位说话速度非常慢的人对话时，感觉很苦恼而且不舒服，从而失去耐心，想尽快结束这场谈话。因此，要保持和客户相同的谈话速度，同时也要注意客户音量的大小，同客户的音量要尽可能相同，这样会更加有利于沟通。

不管是零售还是大单销售。销售人员都需要设法打开客户的话匣子，激发客户说出自己的内心想法。谈话很愉快，客户就会对你产生很好的印象，在互动过程中，客户就会将自己企业的需求和盘托出，和谁做生意都是做，为什么生意不交给一个让自己感到舒服的人呢？

3．进攻就是防御，现场逼单策略

一次性成交技巧、一分钟现场成交法这样的销售技巧的介绍总是那样富有吸引力。这样的销售是存在的，不过都存在于特定的场景之中。

门店和品牌专业店的销售工作就不能采用大客户式的沟通模式，而要想尽一切办法快速成交。这也符合斯特朗的销售理论，一般的销售需要先建立关系，客户对销售人员产生信任以后继而对销售人员销售的商品产生信任，在信任基础上决定购买。

品牌经济实际上是一种竞争的产物。在产品丰富的时代，品牌策略是同质化竞争加剧后的一种市场对抗策略。不管什么样的消费品，最终都有一个终端销售的问题。大客户销售人员可能面对的是一级渠道或者二级渠道，但是产品销售需要像渠道中的流水一样顺畅才是正常的。如果产品在终端销售不畅，那么在渠道中存有更多的产品也无济于事。很多企业就是因为这样畸形的渠道策略，最后导致资金链断裂，死得很难看。

品牌产品具有鲜明的个性，客户很容易从一大堆同质产品中很快就将它们区分出来，或者顾客根本就是有备而来，直接产生购买行为，跨过一般购买行为中建立信任的过程。快速成交的原因并非销售人员的技巧如何了得，我们还是要从系统合力的角度去看待问题。是企业系统的努力促成了大量的现场成交，因为企业已经事先给了客户购买自己产品的理由。

消费心理学里面有一个很有意思的叙述：其实消费者不知道自己需要什么，消费者在作决策之前，需要一个理由来支持自己的购买行为，销售人员此时要做的，就是给他们一个购买的理由，理由给得越充分，客户的购买欲望就会越强。

对于一般的商品，这个理由可能是消费者的朋友给的，也可能是周围的人无意之中传达给自己的。这就是经济学上的人际传播效应或者叫口碑效应。作为销售人员，不能忽视任何一种能带给我们新顾客的信息传播方式。

销售人员与客户的沟通就要围绕着顾客的期望展开。引导顾客思维，将顾客的欲望引导出来，一旦顾客的兴趣被激发出来，就可以立即采取进攻策略，运用技巧促成购买行为。

客户跟销售人员强调质量问题的时候，销售人员就要适时地告诉客户，质量是最基本的要求，保证质量从来都是企业的基础工作。然后就要立即转移话题：其实产品更关注的是传达一种生活的理念。

客户：“这个皮具产品的质量怎么样，不会和其他的产品一样，让我们在使用中出现麻烦吧?”

销售人员：“质量保证对于我们的品牌来说是一种最底层的保证。您知道，我们做的不仅是您能看得到的质量保证，您看不到的质量保证我们也已经做了。绿色是企业经营合法性的象征，我们在生产过程中，已经采用了国际最严格的环境标准。我们不仅关注您的健康，同时也会注意和环境友好。”

客户：“我不太注重品牌，我注重的是产品的性价比，你们的价位是不是高了点，我在隔壁的商店看到和你们款式差不多的产品，价格只有你们的一半。”

销售人员："您说得对，在产品上，我们的品牌更注重细节，我们更注重顾客使用我们皮具产品的感受。我认为，这个产品和您的身份很般配。在工作上这样的产品很适合您，您想，如果您的下属通过您的生活细节作判断，或者他们使用的产品比您使用的更贵。那就不怎么好，在周末您可以随便，但是在工作上，我们建议您还是购买我们的产品。"

客户："我不是那种高调的人，不需要在这些细节上讲究吧。"

销售人员："先生，您看，我们有一个统计，购买我们产品的，有很多的成功人士。您知道那个个人博客点击率几千万的明星，在电影节上用的都是我们的产品呢，所以先生，我觉得这款产品真的符合您的要求。您用这样的皮具，您周围有生活品位的人会认出它来的。"

客户："是吗？有这样的事情啊。"

销售人员和客户的对话，销售人员将产品介绍从使用价值引导到了其他的附带价值上，最重要的，就是这个产品和顾客的消费观念要一致。一旦客户的期望被激发出来，就要立即引导顾客进入购买环节。专业上叫做逼单技巧。

机不可失，时不再来。在与客户交谈时，因为销售人员的介绍已经引起了客户的购买欲望，这时就应使用假设成交法，在与客户聊的同时，把合同及附件拿出来，一边和客户聊一些和签单无关的事，如他同行的发展状况或对他适当地奉承一下等，一边把合同和附表填好让其签字。

同样，在店铺销售中，也可以进入开单的程序，一边开单一边继续讲产品的故事。这样客户会很少有反对的情绪，很快就进入付款程序。即使不成，也不过浪费掉一张小纸片，却可以现场判断出客户是否有购买诚意。

站在企业全局的角度，我们再来看一下一分钟成交技巧，就能分析出很多商业案例中的传奇其实不再是传奇，而是企业的整体战略决定了一线销售人员的工作质量。面对"丰饶经济学"的困境，企业战略定位学者特劳特曾预测，有两种组织正在面临"死亡"的威胁。一类组织仍旧没有领会和掌握“与众不同”实质，仍在借助“更高质量”、“优良价值”在市场上应战。物美价廉策略盯住的是客户口袋里的钱，而采取与众不同战略的企业抓住的往往是客户的心，也就是客户的欲望。在钱与欲望的博弈中，赢得胜利的总是人的欲望。

也有一些企业意识到了与众不同的必要性，但是，经过一阵突破后，他们就会承认自己根本不知道怎么去做，选择了放弃。其实品牌和特色之路不好走，但这却是产品丰富的时代里唯一的道路。成为百年企业，品牌是一道跨越险滩的护身符，尽管维护它的成本很高。我们销售人员也可以向上管理，不断地推进企业的变革。企业的发展离不开每一个员工的努力，企业的成功恰是一个团队不断建立目标和修正目标的过程。

有思考力的一线销售人员对于企业来说是最佳的传感器，他们的反馈意见一定要受到足够的重视。

4. 价格与品质的比较

国内消费品市场在不断地变化，销售人员需要感知这些变化，在销售过程中学会驾驭这种变化。

一般客户在购买产品的时候，最关心的是产品的性价比。也就是热衷于价格和品质的对比。最后得到一个性价比的平衡。所有的销售技巧，可以简单地浓缩成一句话，那就是：促使顾客达成交易的关键是满足顾客的欲望。你的产品是什么并不重要，重要的是通过你的产品顾客可以得到某种欲望的满足，如果产品还能够做到性价比的平衡那是最好的。

在消费品领域，这样的假定排除了讨论产品使用价值的问题，我们在讨论产品满足人们欲望的时候，已经假定我们的产品质量是符合标准或者高于标准的。其实企业的采购是一种综合因素，客户比服务，比发货及时，比专业，比保障，比价格和质量，最后得出是否采购的判断。

性价比平衡的交易要素并不是时时有效的。我们还是将耐用消费品、快速消费品和工业产品销售作一个简单的分类，去分析这些购买行为后面的人。

在消费品领域，销售人员现在只要用心去观察，就会发现两个现象。一方面现在市场上价格战打得非常残酷，巨量的企业在价格战的压力之下只能维持生存，而很难获得发展。另一方面，有的企业看到国内消费品市场价格升级的现实，将商品卖得越来越贵。如此冰火两重天的消费格局，其实在向我们昭示着一个新的市场现实。

国内的消费品市场已经升级了，但是我们很多企业并没有完成销售的升级。

如果消费者的生活在温饱阶段，消费层次较低，属于生存型消费，主要满足吃饱穿暖等基本需求。那么在这一阶段，企业主要提供基本的生活消费品，如食品、纺织品、日用消费品等。

这时企业的生产特点是不断扩大生产规模，大量生产，大量销售，品种单一，质量粗放。对于底层的消费者而言，物美价廉是最为打动人心的。但是正是大部分企业都采取这样的策略，因此使得低价的消费品领域变成一片红海。这样的消费群体虽然人数巨大，但是平均购买力很低。

人们的生活进入小康阶段后，消费层次得到了有效提升，从生存型消费逐步进入享受型消费。在基本解决数量需求的同时更重视需求质量的提升，进而追求生活品质的享受。品牌消费、体验消费、个性化消费不断升级。有些富有学习能力的企业注意到了这样的一个现实，企业生产方式也随之发生了深刻的变化，以满足广大消费者新的需求。人们的生活到了较为富裕的阶段，消费层次又有了新的提升，从享受型消费逐步进入发展型消费。

我们分析跨国公司的销售方式就会得到启示。这些发达国家的大企业早在 20 世纪六七十年代就充分理解了消费升级的价值。在消费品领域，他们在国内市场占据了中高端市场，将低价值的市场留给国内的小企业。所以，无论是企业主还是销售人员，都需要学习建立新的营销系统。

消费决定生产。长期以来，我们习惯于重视生产，对生产规律研究较多，注重生产能力和生产管理，而对消费重视不够，研究更不够，从而制约生产的发展。生产必须满足消费，并随着消费的升级而不断升级，因此，研究消费升级的规律对企业经营和发展具有重要的指导意义。

消费者的消费是有规律可循的，随着生活水平的不断提高，逐步由较低层次的消费转向较高层次的消费。消费的总趋势是，从生存型消费向享受型消费和发展型消费转变，这是人类消费升级的基本路径。

企业和销售人员需要认识到，对于消费品而言，产品品质和价格只是企业的基础因素，要销售产品，就必须要懂消费者的心。

关系营销对于工业品销售也是非常有价值的。在一般工业品项目投标过程中，能够经过初选入围的厂家，基本上都能够满足客户的采购需要，只是在品牌服务、技术标准等一些方面存在不同。如何搞定评估小组的决策层和有影响力的人非常关键。

销售人员在关注的同时，竞争对手也虎视眈眈地盯着这个项目，这就要比运作关系的能力，比满足客户需求的能力，比差异化客户关系的竞争策略。传统意义上的吃喝玩乐，只是关系营销的一种基本的方式，却不是核心的方式。真正的关系营销是信任营销，只有信任，营销才能继续，项目才能拿下，合同才能签订。在真正的信任营销中，相互信赖、双赢、可持续性这三方面是最关键的。

这也符合斯特朗做单之前先建立信任关系的处理原则。销售人员必须熟悉客户采购流程。

工业品企业的营销模式以在市场直销为主，渠道为辅，以客户为中心，项目为龙头。能够通过初选，说明客户已经认可了产品的品质，价格谈判会成为一个重要的内容。

工业品竞标更多是以项目为中心，强调项目的周期性、项目过程的系统化。工业品生产企业是否注重售后服务，这一点甚至成为公司项目招标时关注的主要方面。

销售人员要学会价值思考，在接洽过程中尽量少提价格因素，因为你能够办到的，竞争对手也能办到。把握关系营销的本质，提升服务的价值，价格因素就会在做单重要性中后退，不再成为主要的问题。

5. 学会迎合客户，让客户多表现

对于奢侈品的销售，需要了解的是客户的心。

在奢侈品交易中，商务价格谈判并不在核心的位置，重要的是要引导客户认知产品所附带的价值，激发客户内心的期望，从而促进客户尽快签单。

这里有一套重要的营销理论——情景营销（Scene Marketing）理论。

情景营销就是在销售过程中，运用生动形象的语言给顾客描绘一幅使用产品后出现的美好图景，激起顾客对这幅图景的向往，并有效刺激顾客购买欲望的营销方式。情景营销是以进行心灵的对话和描绘生活情景的体验来达到营销的目的的。

欧洲经典奢侈品进入中国很少采用密集投放式的广告策略，它们更重视品牌终端的视觉形象和导购艺术。这一点与众多国内品牌的传播策略不同。所谓导购艺术，实际上就是现场的销售谈判技巧。

对喜欢购买奢侈消费品的顾客，应该学会迎合他们的价值观，让客户多表现，销售人员营造一个特定的场景，让客户进入场景之中有一种当国王的感觉。这种体验才是客户所真正需要的。

奢侈品的价值无法以一般商品的标准来衡量，购买奢侈品的客户也更多地寄希望于享受奢侈品的象征性价值，体验一种期盼已久的精致生活。客户消费心理的特殊性，决定了奢侈品与众不同的营销手段。而情景营销就是在销售过程中，运用生动形象的语言给顾客描绘一幅使用产品后所带来的美好情景，激起客户的向往之情，并有效刺激客户购买欲望的手段。

在营造的情景之中，营造一种很感性的氛围，让客户兴奋，并暂时丧失理性思考的能力，实际上奢侈品营销本身就是一种洗脑的行为，它将客户从产品的传统认知中分离开来，认同企业附加在产品之上的价值。顾客购买物品一般基于三种利益：功能利益、情感利益和象征性利益。在奢侈品消费中，人们追求的核心价值已不再侧重于商品本身的功能利益，他们更看重的是依附在商品使用价值之外的“符号象征价值”，即物品的象征性利益。

情景营销要因人而异。无论多么美好的语言，都不可能适用每一位顾客。因此，销售人员要针对每一位顾客的特殊情况，精心设计自己的销售语言。销售人员应该明白，和一般的商务谈判的沟通技巧不同，奢侈品营销要着力于描绘顾客购买商品后所能享受到的美好生活，帮助顾客实现梦想。客户购买奢侈品本身的目的就是要秀出自己，就是要在人群中突出自己，所以围绕这个核心去和客户商谈才是最重要的事情。

奢侈品主要就是靠迎合客户的价值观而进行销售的。在国内，很多企业和消费者没有认识到这样的一个事实，所以在商务谈判之中，还是以价格谈判为核心，这样的销售沟通技巧是不能适应这个新要求的。

购买奢侈品的人都有很强的表现欲。

表现欲，从某种角度来说，它是一个人能力与素质的具体体现，更是一个人的处世哲学的具体体现。其实，我们很多人都是天生具有这个方面的潜质的。只是在很多时候不能去表现出来或者说是不愿表现出来。每个人都会认为自己是伟大的，自己是不平庸的。销售人员做品牌销售，就是要将客户这种表现欲引导出来。

这种类型的客户不管对任何事都要表示自己的意见，喜欢旁人夸他、称赞他，非常好表现而且虚荣。销售人员在和他商谈的时候要让他好好地表现，等他的表现欲被满足后，再开始商谈。在进行商谈时，也可以利用机会捧捧他，让他感觉处在非常舒服的氛围中，这时再趁机加以说服。

中国人最爱说的几个词语是："光宗耀祖"、"衣锦还乡"、"出人头地"。针对富裕的中产阶层，我们销售人员就要负责为他们提供道具，使他们能够在生活和工作的舞台上充分发挥表演能力。企业和销售人员要学会把别人的表现欲和虚荣心变成真金白银。

6. 学会组织协同，压制竞争对手

对于企业而言，竞争力是第一位的东西，只有企业有竞争力才是对一线销售人员最大最根本的支持。

国内很多项目在销售之中存在黑幕，这是事实，中国人常说水至清则无鱼，对交易过程睁一只眼闭一只眼是普遍心态，只要表面事情做漂亮了，其他的就由它去了。所以在项目竞争过程中，即使自己的企业有很好的竞争力，也不要想当然地认为会有公平竞争。

公平自古以来就是一个带有理想主义想法的词。在守规矩的销售人员眼里，规矩就是规矩；在不守规矩的销售人员眼里，规矩就是用来突破的。虽然有人信奉"人在做，天在看"这句话，但是大家都是唯物主义者，唯物主义者只相信结果，所以商场之上不公平竞争的手段多如牛毛，简直防不胜防。

理想主义的公平是将公平留给自己，把不公平留给对手，很多人就是这样想的。销售人员在销售的过程中，会发现很多人其实是不怕公平竞争的，这样的输赢来得心服口服。大家怕的其实都是不按规矩出牌的竞争对手，他们是专门研究如何进行不公平竞争的人。

所以我们销售人员需要有策略思维和谋略思维。

我们知道，优势企业是不怕公平竞争的，因为公平竞争的环境对其是有利的，一个知名的实力企业，和一个不知名的小企业同台竞争，两方面都想胜出，小企业的销售人员可能就会使用手段破坏公平竞争的环境。这也是一个必然的现象，很多时候不是你有实力就一定能在项目争夺之中获得有利地位的。

先谈一下劣势企业如何改变思路，提高企业竞争力。

如果销售人员的产品在每次项目竞争过程中都是处于劣势的，那么这不是销售人员的问题，而是企业运营能力出现了问题。在这种情况下，企业需要重新思考一下自己的擅长点，在网络时代，没有人管你还是不是生产商，如果一个企业在网络时代想得到好的发展，思维就需要放开，先思考一下自己企业的能力，然后到市场上去整合资源，将自己不擅长的东西外包出去，将自己擅长的东西留下，形成强大的专业服务能力，打造自己服务方面的品牌优势。一张牌打出去，就能使本企业在竞争中取得优势。

现在很多的企业既是生产商，也是行业销售商，自己的企业保留一个小的但不是最强的企业生产部门，同时将行业内的一流产品都整合在一起，客户要什么，要哪家的产品，本企业都能提供，而且专业服务能力是营销的重点。有些自身能力不强的企业实行“近攻远交”的策略，大家不太喜欢，但这就是这些企业的营销策略。

现在服务专业化、销售行业化已经是一种趋势，虽然说网络消除了距离，但是交货的环节还是要进行实地交货的。举个例子，大型农机具无法进行网络配送，专业服务也必须当地化，如果企业在当地具有行业化的服务能力，那么靠赚取一流企业的佣金或者国外先进产品的佣金，然后用实地的服务能力做增值服务，就是符合趋势的战略选择。自己不是最强的，就选择和最强的企业站在一起，就好像英国做美国的“小跟班”一样的道理。

在自己能够提供专业服务的区域中，企业做出适当的服务承诺，形成自己的核心竞争力，在核心竞争力提升的时候才能进行很好的销售。

销售人员是冲锋在一线的士兵，他们应该得到企业最好的支持，企业战略应该调整，使企业具备竞争力。拿着砍刀冲锋的士兵和武装到牙齿的敌人拼杀，我们不知道该佩服士兵的勇敢还是为他们感到悲哀。

对于优势企业而言，在项目营销中，能够有资格参与的企业大家其实实力都是差不多的，即使有优势也是相对的。当然，如果在产品上有相对垄断的地位，这样的讨论就没有必要了。客户也是有原则的，那就是：谁能够使自己的企业真正获得利益，谁才能有取得订单的机会。

销售人员在操作上一定要显得比竞争对手更专业，一开始就和客户方建立多层次的业务关系。组织建立相应的项目团队，团队由企业的高中低各类专业人员组成，形成多层次的沟通关系。

销售人员要做什么样的角色？在项目营销之中要做侦察兵的角色，这跟蚂蚁侦察兵没有什么两样：发现一个自己不能拖回来的大食物，就立即去搬救兵，用集体的力量完成任务。销售人员发现自己无法独自完成的任务，就需要不断地将信息反馈给自己的团队高层。做好销售工作是企业的第一要务，高层做销售的策略要比普通销售人员的精准。

这里还有擒贼先擒王的谋略运用。如果本企业在客户中找到更高一级的决策者，实际上就能取得一定的优势，因为反对上司意见需要有足够的理由。

高层之间接触和谈及的事情，是关系到全局性的。有时候基层和中层不一定能了解到。这和战场上的战例完全一样，2003 年 3 月 28 日、29 日、30 日，在伊拉克，一支美国军队攻打萨达姆国际机场。那几天沙尘暴比较厉害，风卷起了沙尘，大家都认为伊拉克军队会趁机反攻。战场上的美军军官申请暂停进攻。他们报告说，现在部队一天只能吃一顿饭，又起了沙尘暴，看不清战场，直升机如果继续飞的话就会吸取大量的沙子，发动机都转不了。所以在这种情况下要求停下来，军队在接到命令之前先原地补给待命。拉姆斯菲尔德在五角大楼告诉战场军官说：你们看不清战场的全貌是什么，我在五角大楼这里却看得非常清楚，我来告诉你们，你们所不知道的其他情况——伊拉克内部什么都没有，他们所有的部队都已经溃散了。你们一定要乘胜追击，你们没有吃的，打到萨达姆机场，进去就有吃的了，占领了机场，给养会在几个小时内送达。军队乘胜追击，果然很快就把伊拉克占领了。

美军攻进巴格达以后，伊军发言人萨哈夫不知道。萨哈夫站在楼顶上还在讲他一定要怎么保卫伊拉克，保卫领袖，其实他知道的只是那栋楼、那个地方还在手中，整个伊拉克的军事形势他已经不知道了，所以全世界都看到了萨哈夫一个人的战斗，感觉到这真是一个很大的幽默。

其实我们在与竞争对手进行较量的时候，如果我们能够站在更高的层次上去沟通，就能够获得关键资源了。

如果企业对客户的需求反应迟钝，还是在以单人联系某个中层的人物，而不是从全局的角度完成布局的话，可能一直到最后都是信心满满，但是却输掉了订单。

对销售人员来说，胜败乃兵家之常事，在谋局之中有时候也会被对手占得先机，失去一次生意机会。只有团队协同，才能获得更好的做单成功率。

7. 善谋细节，更要善谋全局

销售人员在销售过程之中，要从全局的角度去思考和执行才能堪当重任。销售人员应该知道销售模式的利弊，这样才能更好地使用相应的销售技巧。

很多企业不是这样，销售人员谁手里掌握的业务多，谁说话的声音就大点，尤其在一些小的私营企业中，谁要是“顾全大局”，把单子交出来，在做单的时候呼唤高层协同做单，那这样的销售人员似乎脑子就坏掉了。小型私营企业管理不规范，企业做稳定了，高层就将销售人员手里的业务都收了，然后就该销售人员卷铺盖走人了。所以在没有规章制度的企业中，“自我”一点可能更好。

其实每一个管理工具、营销工具还有策略，在使用上都是有局限性的。国内市场是个很复杂的综合体，在这个市场里，竞争主体既有跨国公司，也有国企，还有管理规范的私企等等。不同的企业价值观会不一样，同一套销售规范不可能适用于所有的企业，所以，销售人员需要自己思考，自己处在一个什么样的环境之中，应该和自己的企业、和客户建立一种什么样的关系。

怎样的做单程序适合本企业的价值观，就怎样去做。不过有一点，如果一个企业里的销售人员最终的业绩是对一个人负责，而不是对具有科学测评体系的制度负责，那这样的企业就是不成熟的，很可能就是在局部市场只引领风骚二三年的企业。这意味着，客户、销售人员和企业之间很难建立一种共赢的关系。而这一章节，我们要分析的就是这三者关系的问题，这三者的关系如何决定了我们销售人员该采取什么样的做单技巧和做单程序，销售人员是做藩王还是做伴君之臣。每个销售人员都需要一个环境，这个环境就会派生出自己的销售模式。

采取什么样的销售模式不是我们单独的销售人员来定的，而是由利益的分割来决定的。在这个物欲横流、追名逐利的时代，仁义、厚道的老板毕竟是少数，尤其是私企，像越王勾践那样的老板占多数，他们奉行的信念是“追逐利润，追逐剩余价值”，如果一个员工创造的利润和领到的薪水相等的话，那么他们就会痛下杀手。同样，作为一个销售人员，如果去谈协同营销的话，可能最终得益的只是企业，销售人员自己却不能在企业中站稳脚跟，这样的事情在私企中应该是屡见不鲜的。

不好的制度限制了销售人员和整个团队的销售效率。在散兵游击式的销售工作中，销售人员想的，往往不是对企业来说具有高利润的单子，而是最适合自己的单子，能够拿得下来稳得住的项目，才是销售人员愿意去做的项目。

这些都是自然而然的利益算计。

不得不说，有些民企依然存有小农思维。这种思维是制约企业发展的最大障碍，一个企业的发展受制于企业领导人的视野和雄心。很多小企业在管理规范方面任重道远。分析一个企业，最好的角度就是分析企业的基因，然后将它们归类，有些企业注定不能成长起来，销售人员在这样的环境里只会浪费青春。

现在是全球化的时代，同一个市场内，管理规范的企业已经着眼于销售的现代化，因为一个人的力量始终是有限的，而一些比较重要的事往往都需要很大的力量、资源来完成，所以就开始有了团队。而一个团队中最重要的是领导者，在一个好的领导者的领导下员工才能各司其职，以最大的效益来完成任务。这需要团队合作，团队销售模式在以后会占有越来越重要的位置。

团队协作营销已经是目前大企业的普遍营销模式，这种营销模式有着非常高的效率，在大部分的外企之中，都已经开始使用协同营销的管理方式，并为此配置了科学的绩效测评系统。科学的绩效考核是重要的，因为在销售中，受人注目的往往是少数销售明星，但是每一个团队中都有很多的幕后英雄，是团队协作造就了团队的销售高手。在一般的民企中，这种幕后的支持者很少得到重视，也不能得到正确的绩效评价。

所以在原则上，大企业里是不应该存在销售明星的，因为他们的业绩是建立在团队的精确协同之上的。销售人员只要完成自己的工作任务，团队就能获得好成绩，每个人都能获得培训和成长的机会，这当然是很好的事情。

但是如果没有规范的考核制度，企业却直接导入 CRM，对销售人员个人会有什么影响呢？这也是一个值得思考的问题。

销售人员在销售行业里，有两条路可以走。一条是进入销售管理层，是获得更好的销售工作。如果你没有计划进入销售管理层，那么你在销售事业中至少也会得到两个收获：你学到的技能和建立的客户关系。在有些企业中，销售人员可以学到很多客户开拓和维护的经验，还有就是能够在行业里积累人脉。艺多不压身，如果销售人员都学会了，这些就都是你自己的东西了。

很多企业认为销售人员只是员工，在企业中积累的人脉关系理应是属于企业的，如果你离开，企业领导者不想让你将他们的客户也带走。不想让你把这些客户的资料用在你的报告当中。他们也不希望你以任何理由去联系他们。可以这样讲，他们希望你从企业出去的时候，你拥有的行业资源还是一片空白。这是各公司愿意导入 CRM 的一个很大的原因。他们希望你将所有的客户信息都保存在 CRM 系统中，这样的话，当你离开时，你原来的客户信息只存在于系统之中，自己只在记忆中对这些信息有些印象而已。

有些企业一旦规范了 CRM 系统，就要求销售人员和本企业签订合同，签署一份保证销售人员的所有客户数据都属于其公司的合同。这就意味着销售人员在以后换工作的时候不能带走客户，也不能接洽关系人，否则他们可以警告你盗取商业机密。

客户关系管理系统使每一个销售人员都将自己和客户的接洽细节上传到系统的数据库之中，和你的老板分享你的客户信息。他们也会将上传的数据质量作为你获得报酬的标准之一，所以销售人员不得不和盘托出自己能够获得的所有信息。

有些企业对销售人员的管理做得非常细，手机号也是公司配的，一旦离职，手机号就要交回去，以保证工作手机号所蕴涵的价值不为销售人员个人所用。

介绍这样的管理方式，只是要告诉销售人员好的管理体系的利弊。如果没有合格的业绩考核体系，销售人员的个人长远利益是不能得到保证的。通过制度，将销售人员变成钢铁战车的一部分，只不过表面看上去很美，近看还是很冷酷的，这就是市场的现实。

可以这样说，什么样的管理制度就会有什么样的营销。

从公司的角度来看，CRM 系统还是好的。作为企业，要防止客户随着销售人员的流失而丢失，就要在整个公司的管理上强化，客户之所以成为公司的客户，不是因为某位销售人员，而应该是因为公司提供了高质量的产品、合适的价格和周到的服务。这样客户才不会随着销售人员的离开而丢失。

对销售人员而言，分析自己周围的环境，知道任何一件事情的利弊两面，这样在自己的工作中就会作出权衡，怎么做是最有价值的，作为员工，忠诚有时候是一个优良的品德，但不善于谋全局者，便不能获得事业的成功。

8. 搞定事为本，搞定人为策

任何销售技巧也不能将性能一般的产品做到令客户满意。

迈克尔·波特在研究典型的亚洲跨国企业时，非常惊讶地发现，亚洲企业家把办企业完全看作是在做生意，而不是创造新产品和服务。但是一个不能够首先想到发明产品、创新产品的企业家是不可能把企业发展下去的。

一流企业到底具有什么样的特性？我们发现这些世界一流的企业有着一些共同的特性，其中一项是以恒定的质量模式进行管理。很多人以为管理是解决效率的问题，这个理解没有错误，但是一个一流的企业对于管理的理解却站在更高的层面上，管理必须贡献恒定的质量。

在这个高度，管理回答的是产品的问题，管理所要解决的问题是围绕着产品及其质量展开的，这样的理解使得一些企业成为一流的企业而领先于同行，也使得管理真正承担了自身的职责。是否以质量和品质思考，决定了企业的管理活动是否有效，也决定了企业在市场中的能力。

在企业现实工作中，为顺应来自各部门的需求，资源经常分散，忽视了集中焦点于为顾客创造价值这个基本元素上。我们必须再次提醒企业，聚焦于为顾客创造价值是企业成功的关键，应该不断提高为顾客创造价值的能力，根据顾客的价值需要来制定发展策略，让为顾客创造价值成为企业生产产品的起点、增加企业服务附加价值的起点，以及企业策略的内在标准和企业行为的准则。

这些观点来自企业管理学者陈春花教授，她是国内少有的知行合一的学者，对国内企业进行了深入的研究，她认为企业经营必须专注于产品，只有专注于产品才能让你远离竞争。

销售人员知道产品是自己的销售之本这样的概念是非常重要的，好产品给了我们销售的资本，使我们能够比其他竞争者提供更大的客户价值。这样的观念是商业上的基本常识，但是执行起来却是一个长期的艰苦的系统工程，有时候需要像偏执狂一样地去努力。离开了产品之本，所有销售技巧其实都是术，也就是忽悠层面的东西。在短期内有些企业确实能够赚钱发财，但是没有产品之本，一旦市场出现些负面报道，立即兵败如山倒，销售人员在数年艰苦奋战之中获得的口碑和渠道就会毁于一旦，这是多么悲哀的一个事情。

国内销售界无数的人强调先做人、再做事和三分做事、七分做人的道理，从销售层面上讲这是没有错的，取得客户信任才能做销售，但是这里有一个假设，就是产品必须是符合客户需求的，是有价值的。质量观念应该已经包含了使用价值和安全承诺。如果不是这样，那我们的销售概念实际上就已经被偷梁换柱了。产品才是企业基本的东西，销售就是用产品说话。

其实产品即是人品。三鹿婴幼儿奶粉事件引发的奶制品安全问题，给婴幼儿的身体健康造成了巨大危害，也给我国奶业以至整个食品行业和中国制造业在全球上的声誉带来了极坏的影响。曲美这样的一种减肥药，要让老百姓在“减肥”和“减命”之间做一道选择题，面对这样的产品，销售层如何去做人呢？销售人员不会不知道自己企业产品的优劣，这样如何面对顾客表现坦然，而又内心平衡呢？

优秀企业在产品质量方面是如何管理的？这些企业都是以产品价值为核心的，企业领导者认为企业的产品质量管理实际上就是人的管理。产品就是人品，从人的角度对产品进行定位，无疑把握了产品的社会实质，昭示着企业的发展方向。

在一个社会和群体之中，个人表现出来的才智和聪明算不了什么，关键是团体能够表现出智慧那才是真正的可贵。有时候，在我们的企业之中，个体个个都是聪明的，但是集体决断下来，却选择了最差的方案。在产品这个问题上，我们很多的企业正在走上不归路。

事实上作为单纯谈及销售的话题来讲，产品问题似乎和销售人员是无关的。在实用主义的层面上，无论什么样的产品只要卖出去就是本事，在国内，抱有这样思维的销售人员绝对是个很大的群体。敬业如果弄错了方向，事业也就不能称之为事业了。

事实上一个企业产品的好坏，本质上是企业中个人的品质修养和整体素质的外在表现，产品生产过程与营销策略都反映着操作者的品格和精神。产品传递的是品牌价值，其社会属性归根结底取决于使用者对产品价值的认可。人们认定一类产品的好坏时，除了判断一般性的使用价值外，最后的指向总是归结为这个企业的素质和品格。

企业的平均寿命为30年，我们看到那些长命的企业无不把产品作为自己的生存之本，那些百年企业，依靠的是专业素质和思想素质兼备的人才群体。人才的素质内含在产品中，这种完美的结合使产品备受青睐，而二者的疏离则将导致产品的滞销。

很多企业设备优良，营销谋略得当，却不见生机，原因是没有建立一种质量管理文化，助长了对产品的不负责和对用户不负责的不良习气和作风。做企业，建立品牌价值要像信仰宗教一样的虔诚。产品即人品，任何产品都是制造者精神风貌、道德水准、心智等的合体，即人品的折射。拥有好的人品的人，人们总是欢迎他、亲近他，他在人们心目中总有一个闪亮的位置；好的产品也一样，在其他没有个性的同类产品中，必占据着一个至高的位置。

产品就是企业形象的载体，是企业文化的象征，其关系到产品品牌能否深入人心，能否赢得消费者的忠诚和信赖。海尔认为一等品以外的产品都是废品。它提醒所有的企业和管理者，面对全球一体化，面对竞争激烈的市场，企业只有永远生产质量好的产品，才能在市场上站稳脚跟。这和陈春花教授的研究一致。正是坚持了恒定的质量管理，海尔才创出了世界名牌。青岛市的另一家名牌企业海信集团，专门挑选那些学历高，且性格比较固执的员工严把产品检验关，还特意引进德国的质量标准体系，因为德国制造业的严谨和苛刻是全球最有名的。近年来，很多企业经营者都提出了良心企业的概念，这恰恰是国内企业通过反省认识到经过很多年的野蛮生长之后，应该开始正本清源了。

让我们再回到营销的角度，现在先进企业提出“一切为了营销”

的概念，这是站在金字塔塔尖上的口号，如果没有坚实的产品基础，什么样先进的营销理念都是白搭。特别是在消费品领域，没有坚实的产品基础，在未来几年法律界定清楚企业的责任之后，赚进来的钱有可能会被罚得精光。

关于销售人员能够为客户创造什么价值的问题，应该这样说，销售人员的价值就是将企业的产品价值有效地传递给客户。我们说以后的企业会将营销部门变成一个主导的部门，那么其他的部门怎么体现对营销部门的支持呢？这主要还是体现在产品上。

销售部门是企业将产品向客户交付的部门，向客户进行交付，这才是我们每个销售人员的工作内容，如何做才能高效呢？现在企业发展越来越专业化，不同专业领域就需要不同专业的销售人员，这也是营销行业的一次变革。顾问式销售和专家式销售其实是一个意思，这种营销方式适合工业产品、技术产品和系统工程类的产品，销售人员必须作为专家才能体察客户的需求，从而跟客户进行很好的沟通，销售人员也需要资深的行业技术背景和项目运作经验。

在一般的产品销售中，渠道维护是最重要的事情，有人提出了“渠道为王”的销售概念，这是对的，现在商品的价值已经大部分流转到商品流通之中了。其实所有商界的人士都知道，很多企业可以没有制造部门，但是他们却把持着品牌，把持着渠道。自己没有能力制造最好的产品，但是可以将制造外包给能够制造最好产品的工厂。然后贴上自己的品牌，定义产品的诉求，通过分销渠道将产品卖出去。

生产和销售本来就是不同的文化，能够将二者协调得好的企业是很难得的。生产的本质是一种工业精神，销售的本质是一种商业精神，一种是做完美产品的追求，一种是逐利的追求。这是格力总裁董明珠的观点，很准确地阐述了生产和销售的关系。

销售人员的日常工作就是做渠道。主要面对的是各级渠道中的人，销售人员采取什么样的方式跟渠道商打交道，这是由本企业的市场地位所决定的。不同的行业、不同的产品、不同的企业销售渠道的形态都不相同，绝大多数销售渠道都要经过经销商和零售店这两个环节。为了满足零售店的需求，也为了自己的利润最大化，很少有经销商只代理一家的产品，而是有自己的产品组合。

渠道商的要求只有一条，企业要能让他们有钱赚，在这个大原则之下其他的其实都是可以谈的。渠道管理其实是销售中最难的事情之一，所以企业控制渠道商的经验和技巧很值得重视。因为控制自己企业的部门很容易，但是想控制自己的利益同盟军就非常困难，进一步退一步，都会有精确的利害算计。所以销售人员不管是新手还是老手，在与经销商合作的过程中都要谨慎小心，弱势企业缺少控制渠道的实力基础，强势企业可以选择分销渠道优良的经销商。弱势企业主要靠个人关系推动销售，强势企业则用品牌和广告来对经销商提供支持。

两种不同的企业使得渠道销售呈现不同的力学特征。品牌企业可以通过广告和品牌诉求从消费端发力，所以销售上就会获得两种力量的支持，一个是来自终端的拉力，一个是本企业销售部门的销售推力。两种力量形成同一方向的合力，所以他们在选择经销商的时候就有了比较大的回旋余地，在回款等方面会有更高的要求。于经销商来讲，一个品牌响亮的产品代表了什么呢？是利润、是销量、是形象，但是最关键的是销售的效率。一般来讲畅销的品牌产品的价格是透明的，竞争是激烈的，并不是经销商利润的主要来源。但是畅销的产品需要的经销商的市场推广力度比较小，所以经销商的销售成本比较少，还会带动其他产品的销售。这样可以从其他产品上面找回来利润，同时因为销售速度比较快，提高了经销商资金的周转速度。对于经销商来说，资金周转率是根本，有些商家直接说出这样的话：商业的本质在周转。

站在渠道管理的角度上，产品品牌通过对消费者的影响，完成对整个渠道的影响。销售人员对于经销商最好从一开始就采取制衡的策略，分而治之是最古老的谋略，可以让经销商之间适当形成这种竞争关系。

品牌企业一旦建立了分销渠道，就必须要进行品牌管理，这是品牌经理的事情，品牌是企业最珍贵的资产之一。品牌经理会把品牌诉求和品牌的独特销售方式传达给经销商，使得经销商和销售终端能够在品牌的传播内容上保持一致。

现代营销中所倡导的顾问式销售可以专门用来解决这个问题。所谓顾问式销售就是企业的销售代表不仅仅要把产品销售给经销商，还要帮助经销商销售，使他们提高销售效率、降低销售成本、提高销售利润。也就是说销售代表给经销商的是一个解决方案。这个解决方案能解决经销商目前的赢利问题，也能解决他长远的赢利问题。

渠道管理对于一些小企业来说是非常痛苦的事情，经销商店大欺客的事情是难免的，说渠道商是最难打交道的，原因就在这里。产品需要经销商发力推动才能进终端，但是这些产品在周转率方面也很难如人意，会出现不促销走不动的情况。最难的事情是回款问题，渠道选择不好，销售人员很可能会陷入困境，出现货到地头死的情况。

以国美电器为代表的超级终端浮出水面，甚至公开和工业企业叫板，一些家电企业要按照超级终端的订单来生产，这是无法阻挡的历史潮流。前些年格力空调和国美之间的矛盾实际上就是由渠道冲突引起的，大型渠道商一旦取得了市场优势，对品牌企业和一般的企业就会产生一定的控制力，因为在当下的市场中，谁跟消费者距离近，谁就拥有优势。

虽然超级终端是企业关注的目标，但是在营销实战中，国内企业主要面临的还是经销商层面的问题。有些企业发现自己无法控制渠道以后，就下决心自建渠道，这当然是代价高昂的事情，格力就是这样。

销售人员每天基本上都会与渠道商打交道，有很多经销商朋友，销售人员的境遇和烦恼跟本企业的市场地位息息相关。服务经销商，协调和沟通，这是一个近景的镜头；当销售人员试着从战略的角度来观察自己工作的时候，就会看到一个很大的棋局，自己每天都在棋盘间拼杀，试着想一下，职业成功的前景在哪里？

第十章 双赢每一单——快速做单的成交心法

1. 巧用从众成交法让客户签单

在门店和卖场的销售中，销售人员要善于利用顾客的从众心理，制造热销的场景，这基本已经是现场销售工作的常识。

从心理学角度讲，顾客之间的相互影响和相互说服力，可能要大于推销人员的说服力，这使得从众成交法具有心理上的优势。从众心理是一种普遍的社会心理现象。人的行为既是一种个体行为，受个人观念的支配，也是一种社会行为，受社会环境的影响。

从众成交也称排队成交推销技巧，是推销人员利用人们的从众心理，促使顾客立即作出购买决策的方法。人的消费行为既是一种个人行为，又是一种社会行为，既受个人购买动机的支配，又受社会购买环境的制约，个人认识水平的有限性和社会环境的压力是从众心理产生的根本原因。

顾客会把大多数人的行为作为自己行为的参照。从众成交法就是利用了人们的这一社会心理创造出一种众人争相购买的现象，以减轻顾客有购买风险的心理，促使其迅速作出购买决策。

例如：某面包店开业，找了十几个闲人排了一条长队，路过的人也容易随之加入排队的行列。因为从众心理常表现为：既然有那么多的人在排队，就一定有利可图，不能错失良机。如此一来，排队的顾客会络绎不绝，队伍越来越长，而在这条队伍中，多数人可能并没有明确的购买动机，只是在相互影响，相互征服，即顾客宁愿相信顾客，也不愿相信自己，更不愿相信推销员。

既然顾客有这种爱好，推销就可以营造这种氛围，让顾客排起队来。当然，顾客队伍不一定是有形的，还可以是心理上的无形队伍。

利用从众成交法有利于提高推销效率，促成大批交易。但要注意讲究职业道德，不搞拉帮结伙欺骗顾客的事情，否则销售人员会因此而信誉扫地。

一定不能小瞧了从众心理的作用，其实米兰和巴黎时装周就是一个面向全球的时尚局。那是时尚界和媒体布下的局，只不过这个局异常光鲜亮丽罢了。时装周的策划者才是时尚的制造者，他们制造了流行，定义了流行，鼓动了整个产业链条，掏全球中产阶级的口袋。无数的时尚女人，自认为很自我，很有见地和个性的人，也不小心成了他们的追随者。

销售人员在实际做单过程中，也需要适时地利用从众心理促使客户尽快签单。其实这已经不用再强调了，销售人员在做每一单的时候都会或多或少用到它，我们会用案例证明很多以前的用户在使用我们的产品以后获得了发展，获得了成功。既然已经有了成功的先例，客户买了就不会错。

如果不是谎言，销售人员确实能让大部分客户都赢利的话，那么例证法确实非常有效，大量翔实的可考证的证据会为企业赢得很多的新客户。但前提还是产品和客户价值的提升，产品价值做好了，确实能让客户发展，那采取什么策略都无所谓。但是，如果产品有缺陷，却用从众心理引导顾客购买，那就是欺骗了。

2. 强调“物以稀为贵”，快速成交

物以稀为贵，确实是一条颠扑不破的商业法则。

商品短缺意味着市场为卖方市场，什么东西都好卖，只要你有产品基本上就不用为销路发愁，因为商家销售的产品是短缺的，所以生意好做。既然大家都知道短缺的产品是好卖的，那么为什么不让你的产品“短缺”呢？销售人员可以人为制造一些商品短缺的假象，物以稀为贵，让客户担心供货问题而及时跟我们下订单。

人都有一种心理：商品越紧缺，购买者就越多；商品越充足，越无人问津。有些商人把握住消费者和用户的这种心态，人为地制造紧缺局面，达到了很好的促销效果。

商家惜售或者囤积居奇，搞投机，这在市场上已经屡见不鲜。按照现代经济学的理论，价格是商品和资源是否稀缺的信号。供不应求，则价格上升，供大于求，则价格下降，这就是老百姓所说的“物以稀为贵”。按照这样的规律，资源可以得到最有效的配置。

销售人员在销售中，经常会对客户制造一些短缺的信息，让客户感到紧张。比如销售人员告诉客户，自己的上游原材料短缺，价格上涨，降低了企业的利润，企业考虑到成本因素，在近期打算提价。客户也会有成本压力，于是就会在提价之前尽快和销售人员签订购买合同。简单地制造短缺现象，就能很快促成订单。

这些都是市场销售中的术，用得好可以为企业尽快获得订单。

销售人员向客户传达产品稀缺的信息时，它仅仅是信息，但却可以改变客户采购的预期，让客户认为反正也用得上，不如自己多采购一些，免得供应困难的时候自己无法完成生产任务。确实，当今市场是全球化的市场，很多产品原材料和零部件来自全球各地。跟客户说，某一零部件供货困难，短时间供应不上是可信的。不要让客户看出来这是一个促成订单的心理战。

物以稀为贵，在房地产市场中更是如此，因为土地资源的不可再生性，在竞争中占据了稀缺资源就等于拥有了制胜的金钥匙。很多房产的销售部门一套房子还没有卖，就说房子已被预订了大半，通过人为制造一些短缺现象，调动人们对房价上涨的预期，获取暴利。

每一种奢侈品的数量都是稀少的。品牌方会用“限量生产”来造成最大限度的“人无我有”。见到奢侈品的价格，千万不要把舌头伸出来，因为，走进店里，贵是不会受到质疑的。每一个手袋、每一只手表的价格都不是以使用价值来衡量的，它是以品牌的地位、全球的顶极设计和数量的稀有程度来体现的。

物以稀为贵带来的更多是心理上的满足，“我拥有了它，我就拥有了高品位，我就得到了别人的倾慕”。而且，奢侈品通常因为其品牌的经年积累，带入了许多创作命题和名人逸事，赋予了其相当的文化含量，故不会因时间的流逝而贬值，可以成为收藏品。

制造短缺，这个古老的促销技巧在今天依然屡试不爽。

3. 假设成交后的实惠，陈述不购买的影响

销售人员销售产品，都希望客户快速签单，我们想尽一切办法希望客户能够快速作决定，跟客户作正反两个方面的对比陈述，是永远经典的销售技巧。

如果条件允许，销售人员还是应按照先交朋友后做单的业务模式，因为销售不仅仅是一次买卖，最重要的还是建立一种信任关系。不过在追求快速销售的前提之下，销售人员就需要拥有高超的说服技巧。

销售人员要向客户描绘购买产品以后的情景，为客户描绘出一幅图画，将客户的期望安排进这样的图画里。推销人员要及时假定顾客已经接受了推销建议，进而直接要求顾客购买商品。

这种方法的立足点是假定“顾客会买”，一般是在销售人员介绍完产品的特点，并解答完顾客的疑问之后，顾客一再发出购买信号，只是

拿不定主意而迟迟不下决心，这时销售人员就可以用自己的信心去感染顾客，不失时机地向顾客提出一些实质性的问题，帮助其下定购买决心。

比如顾客需要买一台豆浆机，销售人员就可以直接跟她说：“你天天早上给老公和孩子做一杯香浓的豆浆，一家人一起吃早餐，你看着老公和孩子，那种幸福感，真的不用提了。这样，这款比较适合你，我给你开单。”

顾客说：“我还没有想好买哪一款呢，我先看看吧。”

销售人员说：“不用看了，你看，你是不是已经跟老公和孩子说了，今天来买豆浆机？如果今天不买回去的话，他们怎么能喝到你给他们做的豆浆呢？我想他们会有一点失望的。别犹豫了，已经开单了，付款好了。老公和孩子还眼巴巴地等着你呢。”

化妆品推销员对一位选购口红的顾客说：“您手上这支口红很适合您的年龄和肤色，来，我们帮您装好。”

销售人员和顾客商谈以后，顾客已没有异议并表现出对商品颇感兴趣，这时销售人员可试探地对顾客说：“我们仓库有现货，我们送货上门，您看是今天给您送，还是明天给您送？”

假定成交法主要适用于决策能力低、依赖心理强和被动求购的这一类顾客，也适合那些需求比较迫切的企业用户。不适合自我意识强或没有明显购买意向的顾客。因此，应用时要看准顾客的类型和成交信号，表情自然大方，语言温和、委婉、亲切。切忌自作主张和咄咄逼人，避免制造强加于人的高压气氛。

销售人员从正反两个方面去陈述顾客的购买行为，将购买绘成一幅顾客愿意看到的场景，将不购买绘成一幅客户不愿意看到的场景。如此制造反差，促使客户签单购买。

追求快乐，逃避痛苦，是人们内心深处的一个本能反应。所以销售人员在与客户沟通的时候，把好处说透，把痛苦说够，将客户的问题成倍地放大，让客户有了迫切解决问题的愿望，签单也就是水到渠成的事情了。

销售人员要将客户的痛苦放大，从而诱发客户的购买需求。销售人员都是很会讲故事的人，所以讲故事的技巧，销售人员是一定要训练的。

不同于我们平时的故事，销售故事有明显的指向性与倾向性，它的立场是：促进销售的发生，让客户产生立刻购买的冲动。

讲述销售故事的目的在于向客户提供足够的购买理由。故事可能启迪客户从平时司空见惯的生活场景中捕捉不同的灵感，或者启迪客户从新的角度、视角去看待生活场景、自己生活中遇到的问题，从而培育新的市场空间，寻找新的潜在客户。

好的销售故事让客户有醍醐灌顶、突然领悟的乐趣，它通过与客户的情绪对撞，让客户正面强烈的情绪参与到销售中来，得到独特的情绪体验。销售因此增加了商品的附加值。

销售人员向客户作正反两方面的陈述，并且让其成为故事，这是销售场上永恒的说服技巧。

4. 故意制造悬念和紧张气氛，给客户施压

人们的购买活动是一个决策过程，决策就是在各种因素中权衡，按最大限度满足需要的原则作出选择。只要条件允许，这种权衡就会继续下去，使人变得犹豫不决。这也不奇怪，掏钱和付款总是一件痛苦的事情。在商业上，任何大一点的决策都有一定的风险，所以客户在关键时候心里不安是很正常的事情。

西方生意场上有句谚语就是说商人的冲动决策的："等一等，魔鬼即将路过。"基于这种心理，推销人员在用户已基本确立购买意向的情况下，为坚定其信念，加快购买过程，可适当渲染一下紧张气氛，用提示后悔的办法，让顾客意识到购买是一种机会，良机一去不复返，不及时购买就会产生损失。

这样，顾客的购买心理就会紧张起来，由犹豫变为果断，促使其立即作出购买决定。

故意制造悬念和紧张气氛，给客户施压，在商品的销售中是常用的策略，多数属于场景营销的范畴。拍卖和会议营销往往会使用这样的策略。

拍卖是以竞价形式进行的交易，价高者得。竞价时，常常会出现一种你争我夺的局面。人性中，争强好胜的一面在这时表现得尤为突出。几经追逐攀高，最终艰难获得，回头看看货物，似乎觉得所得不值。原因是客户在特定的场景之下，被这种紧张气氛感染，迅速作了购买决策。

销售人员使用拍卖这个销售形式，就需要把握形形色色的竞拍者的心态。参加拍卖会的人多而杂，有抱着好奇心的，有想来买便宜货的，有来买紧俏商品的，有来买宝物、收藏品的，有来参加义拍的，也有的是抱着竞争的心态而来的。销售人员就是要通过拍卖这种形式制造紧张的气氛，让这些犹豫者在别人的不断举牌之下被感染，迅速举牌购买。

会议营销和拍卖形式其实本质是一样的。销售人员都会在现场作一些产品介绍，在语言技巧上会制造一定的紧张气氛，通过信息的灌输，使得顾客产生购买冲动。

很多会议营销在销售环节会故意制造一些短缺，比如在招商过程中，前十五名订货者可以得到额外的优惠条件，用获得贵宾资格等等手段，让客户争先恐后地快速下单，以争取少数优惠名额。

销售人员在销售过程中也常会用到同样的策略。比如一个客户需要订购一台设备，销售人员告诉他仓库里还有一台成品，但是已经定出去了，是上海的客户定的，如果有必要的话，销售人员可以跟领导沟通，争取将设备先转给他，如果他不着急的话，下订单到提货，恐怕就要半个月时间了。

客户觉得半个月的时间很长，耽误很多事情，于是在不明显的竞争态势下，决定下单购买，这样生意也就做成了。

制造紧张，引起客户的普遍恐慌这种策略，恐怕使用得最经典的就要数房地产行业了，其实房屋供应还是基本平衡的，但是房地产商不会将产品一下子推向市场，而是分期分批地销售，制造了巨大的供不应求的市场假象。给客户造成一个长期短缺的心理预期。于是一个巨大的局就产生了。这个商业的局不仅制造了经济问题，也造成了社会问题。

使用此法要针对顾客的主要购买动机，合理选择成交机会，适当施加压力，以充分调动其购买欲望，造成成交气氛，进而及时促成顾客主动成交，做成买卖。

给客户制造“你不买，自然会有人买”的局，是销售策略之一。小到一个不知名的小企业，大到整个行业，大家都在玩这样的策略，而且乐此不疲。

5. 顾问式营销法，引导客户成交

专家认为，顾问式营销方式在未来将成为销售的主要方式，产品越是专业化，就越需要专业人士来引导客户使用。

这句话说的就是顾问式营销的典型沟通方式。营销专业化将是未来营销变革的最大趋势。这时的销售人员是以客户的事业顾问或者谋士的角色出现的，在某些高端服务业，理财顾问等不仅要有一套销售技巧，也要有深厚的专业经验。

销售是一种循序渐进的过程，而不是某种机会主义的行为。事实上，如果销售人员仅凭感觉做事，或在展示产品时不注意程序，那么，他成功的概率不会很高。普通销售和顾问式销售的主要区别在于：顾问式销售的销售人员必须去了解客户抱怨的真正原因是什么，以及真正能解决这些问题的手段是什么。当客户在销售人员面前陈述他的问题的时候，销售人员也就找到了切入点。能够分析客户的问题，并且拿出方案，这不是一件简单的事情。

专业销售之路和顾问式销售之路的综合，可以使我们的销售不再以

产品为核心，而是以满足客户价值为核心。提问和倾听是顾问式营销的主要方式，它们好比两个坚实的桥墩，提问和倾听在买方与卖方之间架起了一座沟通与共享的桥梁，销售人员不再以产品为中心，而是关注和发掘客户的问题、困难及不满，通过提出一系列启发式的问题力求理解和引导客户，从而将销售引向成交，一个好的业务顾问懂得提供解决方案而非仅仅销售产品。

为什么未来顾问式营销会成为商业销售的主导模式呢？现在发达国家大约70%的产值来自于服务业，特别是高端服务业。国内的发展基本也会走发达国家未来的路。销售人员在做业务的过程中，必须努力学习，将自己变成给客户提供专业解决方案的专家。

客户不知道自己的需求和问题的解决方案，客户只是描述了问题，但是解决方案需要由销售人员提出，这跟医生给病人看病的原理是非常相似的。虽然我们说医患关系不是商品买卖的关系，但是整个过程非常符合顾问式营销的特点。首先，医生必须听取患者的描述，说出自己的病痛在什么地方，有什么样的感觉，然后，医生会使用专业医疗器械对客户病灶处进行检查，发现问题之后，拿出治疗方案。病人在配合医生的过程中也知道了身体的问题是什么原因造成的，病人需要解决问题，就需要医生为自己拿出治疗方案，医生会根据检查结果给病人取药或者选择适宜病人个体的医疗方案。

如果我们将这样的关系看成是一种商业服务的话，那么医生的服务咨询和提出医疗方案就是在创造价值。从患者自己不知问题产生的原因到接受医疗方案的过程，包含了顾问式营销的所有要素。顾问式营销不仅在项目营销之中大显身手，在销售人员现场销售的过程中也是非常有用的。

在现场销售之中，明智地运用问题是销售时的利器。你与顾客相处的时间有限，所能问的问题也有限。安排得当的开放式问题能让你获得很多宝贵的资讯。顾问式销售主要是用于信息较不对称的行业销售中。在这样的产品类别中，顾客购买产品时往往会对产品未来的使用效果等方面有很多的疑问，如何选择才是最适合自己的呢，这就需要销售顾问的指导，更重要的是还需要顾问提供一个整体的解决方案。这个方案可能是有形的也可能是无形的、虚拟的，这对于这类产品的销售是非常有效的方式。

专家认为顾问式销售的基本思路是：了解客户需求——对客户进行分析——查询现有案例库——做出解决方案并向客户推荐——用已有案例证明解决方案的有效——达成销售——总结并形成新的案例，存入案例库备用。当然这里的案例库都是模块化的。

所以，做好顾问式销售，案例的积累是非常重要的。每一单销售都要清晰地了解客户的需求如何，客户的特点怎样，我们用什么方式满足他的需求，然后记录在案，形成案例。当遇到新的顾客时，我们从自己的案例库中找到类似的案例，然后进行推荐，往往成功的可能很大。所以，在这一点上销售人员在日常销售中不断积累，形成自己的案例库并灵活运用就非常关键。

医生之所以能够在检查出患者的疾病之后，立即提出医疗方案，是因为医生已经经历了大量的临床案例，在检查完患者之后，医生已经在自己的经验库中对患者的情况进行了案例分析，将之归类到了某一类病症的目录之下，因为每个个体都是不一样的，医生会根据患者的身体情况进行下一步的细分，直到精准地找到适合患者的最佳方案。

我们可以通过案例来说明顾问式营销的应用技巧，以达到与客户快速达成合作协议的目标。顾问式营销实际上就是专业营销和知识营销，销售人员要想成为客户的顾问，必须具有丰富的行业经验。

我们知道现在企业强调知识管理，其实知识管理有两个含义，一个是用知识促进企业自身的发展，一个是运用知识促进客户的发展。二者是一脉相承的。国内很多顾问式营销又把这样一个很好的工具拆解了，只拿了“销售术”的部分，将它们变成一些沟通的技巧，以为通过一堆问题就可以拿到订单，问题的本质不在于如何听取问题，而在于能不能将客户的困难和抱怨解决掉。前例已经用医生和患者的关系加以说明，真正的问题是医生是一个专家还是一个庸医。在顾问式营销中，销售人员的专业度是个硬指标。

现在的广告营销早就进入了顾问式营销的时代，近年来，广告业发生了很大的变化，分化得非常明显，能够理解广告业全局，站在客户角度向客户推介整个营销方案的广告公司在往上走，它们或者在品牌创立和品牌管理方面见长，或者是在企业战略定位方面见长，也可能在危机公关方面见长。总之，广告公司的核心团队至少需要在一个方面比较擅长，这很像医院的各个科室的情况。

这些广告公司能够分析客户的财务报告和现金流情况，并和客户方沟通，然后用自己的经验找到客户问题的症结所在，拿出专业性的解决方案。顾问式销售特别适合大企业的营销，所以在广告业中，能够拿出整体解决方案的公司基本都处于行业的前列。

这些年来行业在变化，一些还在采用传统的营销方式的广告公司，逐步转向，它们成了广告制作企业，实际上它们应该属于广告制品企业，在这个层面上的竞争实际运用的就是价格战。

从前文我们就可以分析出顾问式营销的情况，大家都对学院派的专家不怎么满意，其实看过前例就知道了，基于专业代的顾问式营销虽然很好，它是一个“汽车发动机”，但是把“汽车发动机”装到我们小企业的“牛车”上，就会出现撞墙的情况。

企业的运营战略决定了企业采取什么样的营销方式，如果企业需要采用顾问式营销方式，需要在系统的很多方面加以改进，使得一种营销工具能够跟自己的企业文化相适应。

我们说顾问式营销是一种快速高效的营销方式，事实上也确实如此，现在大型家电的导购和销售人员，在终端都已经使用了顾问式营销的方式。家电销售人员可以很快厘清客户关心的问题，进行产品的推介。

顾问式销售首先就要站在客户的立场上去说话，将客户的问题当成自己的问题，提出方案时应尽可能保持中立，这样的话，也容易让顾客说出自己内心真实的想法。不少消费者都有这样的经历：要想买到合适的家电产品必须在各个品牌之间来回比较，而要买齐电视、空调、冰箱等全套家电，更是劳神费时。原因在于，每个促销员代表的都是各自品牌的利益，有的品牌甚至给予促销员上千元的促销费用，这是不正常的现象。结果导致促销员推荐给顾客的是工厂最想卖掉的产品，而不是顾客最需要的产品。

现在的大型家电卖场中，如果客户需要顾问式的销售服务，专业销售人员就会帮助客户选择产品，家电顾问如果能对产品的利弊一一阐明，客户就愿意将自己内心的想法说出来。顾问式家电销售人员通晓各类家电知识，可以全程帮顾客参谋导购。他们熟悉全场产品的性能和特点，能够跳出品牌自身利益的桎梏，为客户量身定做套餐，让客户省时省力又省钱，不仅卖场的工作效率提高了，客户的满意度也会提高。家电顾问不仅将客户的利益最大化，由于其了解消费者，也成为了产品生产企业重要的信息员。该服务模式对优化资源配置，引导市场良性发展有着重要意义。

顾问式营销的内核是客户利益最大化，提高的实际上是客户的满意度。当"一站式"、"定制化"、"整体解决方案"等等字眼频频显现在IT、通信、软件、金融等行业的媒体广告中时，其实就是顾问式营销的应用，企业和销售人员应该尝试着完成由一个单纯的产品提供者向满足消费者个性需求的解决方案提供者这么一个角色的转变。

当家电、家具、美容化妆品、服装等一些大众化消费品的营销中也开始出现这些做法时，那就意味着顾问式营销时代的真正到来，销售人员专业化的要求也会越来越迫切。

顾问式营销需要销售人员像医生一样去思考，引导顾客自己发现问题，自己定义问题，然后向销售人员寻求解决方案。这种销售方式适合项目营销，也适合小额产品的快速销售。

6. 真诚坦荡是打动客户的最后法宝

以诚相待，真诚坦荡是销售中最宝贵的品质。

这里面包含了销售人员所有的优秀素质：执著、敬业和努力。

读完钱钟书的《围城》，很多读者会认为钱老是个老奸巨猾的人，其实在生活中他是一个低调、真诚和随和的人。大师俯瞰人世间一切人性的阴暗面，但是在生活中却不屑去揭露它们，这是一种人生的境界。

这种人生境界对于我们芸芸众生确实也是非常重要的，如果我们身在商场，最大的真诚就是坚持客户价值，就是坚持用产品真真切切地为客户服务，能够解决客户的问题，而不是像很多电视购物那样明目张胆地欺骗顾客。如果做企业没有自己的目标或者目标迷失，即使强如雷曼兄弟这样的企业，也会在贪婪和欺骗之中变为历史的尘埃。

做到真诚坦荡不是一件容易的事情。

能满足客户一般的需求叫做服务，能提供合理的但超出客户预期的服务才能打动客户。事实证明，永远坚持比别人多想一点，多走一步，就会得到客户的认可，销售人员也能获得职业上的成功。人们都说一流的产品具有“神性”。这一点没有错，一流的企业都有自己的企业文化，这种企业文化在道德层面上给了每一个员工一种约束，每个人都知道，自己的行为方式是否符合了文化的要求，企业和自己的价值观是否一致。一流的企业承认价值观胜于能力，因为只有这样组织才有合力，个体再强大也是系统的一部分，一流企业的价值观没有向恶的，内核都是敬业，并为客户创造价值。狼性的企业文化本质上是一种掠夺而不是创造。

销售人员真诚地为客户着想，为他们出谋划策，不但可以博得他们的信任，更可以让自己在他们那里获得长久接触和交流的好机会。也许他们可以为我们介绍更多的顾客，为我们免费做宣传，这样我们就能和顾客制造双赢。

比尔·盖茨说：“一个好员工，应该以极大的兴趣和传教士般的热情和执著去打动客户，了解他们欣赏什么，不喜欢什么。”

真诚就是真正做到为客户着想，将客户的事情想到前面，为客户的幸福和发展作出自己的贡献。管理学大师德鲁克会问我们几个问题：我们能为客户贡献什么？我们能为企业贡献什么？我们能为国家贡献什么？

唯有贡献，才是商业的灵魂。

在中国企业界，胜者为王败者为寇的思想还是主导思想。在浮躁和拜金思潮的主导下，出现了上亿人之间相互“投毒”的场景，出现了三鹿事件和无数食品类的安全事故。这种社会即使能创造财富，作为个体的人也没有幸福可言。

我们苦读一千多页的《西方经济学》，发现根本上只写了一条：人性是自私的。企业作为社会的组成部分，说到底还要坚持价值理论，老老实实地做好自己的事情，不要无凭无据地吹牛。企业应该和社会契合在一起，发挥自己的经济功能和社会功能。

如果一个商业社会唤醒了人性中所有的恶，却不能保护人性的善，这样的社会断然不会是文明社会，更不会是理想社会。所以，作为公民，也作为销售人员，我们能否做到不作恶，我们能否做到脚踏实地，尽力为每一位顾客带来欢乐，这其实是一种对公民责任的认识。

一个民族有一些关注天空的人，这个民族才有希望；一个民族只是关心脚下的事情，那是没有未来的。温家宝总理的话从我们普通的销售人员角度去理解，那就是只追求个体利益的企业，不会成为有未来的企业，只有树立为万世开太平的大目标，做点有益的事情，企业和个人价值才会得到最大化的体现。

让我们品读一下温总理的诗句：

仰望星空

我仰望星空，
它是那样寥廓而深邃；
那无穷的真理，

让我苦苦地求索、追随。

我仰望星空，

它是那样庄严而圣洁；

那凛然的正义，

让我充满热爱、感到敬畏。

我仰望星空，

它是那样自由而宁静；

那博大的胸怀，

让我的心灵栖息、依偎。

我仰望星空，

它是那样壮丽而光辉；

那永恒的炽热，

让我心中燃起希望的烈焰、响起春雷。

温家宝总理的诗句会穿透历史，穿透每一个中华儿女的心。

我们可能只是一个销售人员，生活在社会的底层，但是我们不能失去对客户的敬畏之心，我们不能放弃对产品价值的不懈追求，我们需要心灵的皈依。

起初的立意和境界，会决定我们是什么样的人，我们很多销售人员会在职场获得成功以后自己去创业，很多人会成为这个时代的中坚。做一个对客户有贡献的人应该是我们一生的追求，这意味着我们要用不断的创新、不断的自我变革去适应市场。每一个人都能为客户作贡献了，做到了在利己和利他之间的平衡，这个社会才是一个美好的社会。

管理大师德鲁克很会问问题，以启发人们的思考，他说，关于人生的价值，每一个人都需要扪心自问：当你五十岁的时候，你希望别人记住你什么？

后 记

自己在销售行业做了很多年，在卖产品的时候，也给自己的客户提供咨询服务，一直努力使自己成为专家级的销售人员。书中的很多东西都来自于自己的商务手记，以前也只是一些经验的碎片。在北京瀚涛国际文化发展有限公司编辑唐静松先生的支持下，经过几个月的整理形成书稿。唐先生的观点很好，其实知识在没有成书之前，都是分散的、凌乱的，甚至潜藏在直觉之中，编辑的工作就是将这种知识汇聚起来，并且系统化使之成书。这要感谢唐静松先生像教练一样默默地提供支持。

其实写书就是一种学习的过程。笔者曾经给多个行业多家企业撰写过技术咨询报告，将自己企业的产品整合到这些解决方案之中。每一次在挖掘客户价值的过程当中，都能有新的发现和新的心得。在销售服务中有了自己的职业感悟。

我在自己的销售工作中，一直用斯特朗的销售技巧来理性地指导自己，在商业中，信任是销售工作的核心。没有信任，就没有生意。销售平台和产品的价值是销售生涯中最重要的成功外因。与客户建立信任，最重要的因素就是专业和能给客户带来价值。

对于国内小企业而言，它们很多都遇到了发展的瓶颈，内部最大的问题是产品不能适应已经升级的市场，不知道品牌管理，不知道小企业也可以创立小品牌；外部因素是社会整体的商业诚信受到了破坏，潜规则横行，有资源的企业可以很舒服，但是没有资源的企业只能在商海上维持生存。

所以，现在也许并不是创业的好时候，我也希望社会不要再忽悠大学生和年轻人直接去创业。建议年轻人能够先到管理规范的企业的营销部门去锻炼，成为销售尖子后再去创业会更好。

2010 年 10 月 30 日